2021
中国黄金市场报告

中国黄金市场报告编委会 ◎ 编

中国金融出版社

责任编辑：黄海清
责任校对：孙　蕊
责任印制：程　颖

图书在版编目（CIP）数据

2021中国黄金市场报告/中国黄金市场报告编委会编. —北京：中国金融出版社，2021. 7
ISBN 978 – 7 – 5220 – 1170 – 7

Ⅰ. ①2…　Ⅱ. ①中…　Ⅲ. ①黄金市场—研究报告—中国—2021　Ⅳ. ①F832.54

中国版本图书馆CIP数据核字（2021）第099526号

2021 中国黄金市场报告
2021 ZHONGGUO HUANGJIN SHICHANG BAOGAO

出版
发行　中国金融出版社

社址　北京市丰台区益泽路2号
市场开发部　（010）66024766，63805472，63439533（传真）
网 上 书 店　www.cfph.cn
（010）66024766，63372837（传真）
读者服务部　（010）66070833，62568380
邮编　100071
经销　新华书店
印刷　北京侨友印刷有限公司
装订　保利达印务有限公司
尺寸　210毫米×285毫米
印张　8.5
字数　140千
版次　2021年7月第1版
印次　2021年7月第1次印刷
定价　85.00元
ISBN 978 – 7 – 5220 – 1170 – 7

2021中国黄金市场报告

编 委 会 成 员

邹　澜　高　飞　焦瑾璞　王振营　姜　岩　卢　进　王凤海　荣艺华
曾　辉　李　辉　王立新　张永涛　陈志君

写 作 人 员

第一章　上海黄金交易所

龚　辉　夏方杰　刘建斌　李珍玉　肖若洋　李思达　杨　艳　刘时佳
蔡晓春　杨　婧　徐予黎　曹嘉琳　何　莎　谢国晨　朱　奕　徐绍军
郭来法　吴宇峰　胡均伟　刘　欣

第二章　上海期货交易所

陈　晔　鞠成鑫　赵　莹　朱哲颖

第三章　中国人民银行上海总部金融市场管理部

曾梓梁　刘　彦　张一铮　樊星星

第四章　中国黄金协会

李　亮　刘艳红　赵冠楠　王衍平　许　蕾　刘　涛　李　珅

第五章　世界黄金协会

Juan Carlos Artigas　Louise Street　Krishan Gopaul　贾舒畅

编写说明

2002年10月，经国务院批准、由中国人民银行组建的上海黄金交易所开始运行，开启了中国黄金市场化的历史进程。作为国民经济和金融市场的重要组成部分，我国的黄金产业和黄金市场当前均取得了长足的发展：从勘探冶炼到加工销售的黄金产业链不断拓展，场内、场外交易市场建设不断加强，基于黄金的交易产品和理财产品不断丰富，黄金投资者和消费者的数量持续增加。

《中国黄金市场报告》始创于2008年，由上海黄金交易所牵头发起，中国人民银行上海总部、中国黄金协会、上海期货交易所、世界黄金协会五家单位共同参与编写，以内部出版物的形式向会员单位和有关的市场参与方发布。报告自创办至今取得了良好的业内反响。

随着近年来黄金市场的市场化、国际化进程深入推进以及投资机构对黄金市场关注度的提高，银行、证券、基金等专业投资机构，普通投资者，市场研究机构等全面、系统地了解、解读中国黄金市场的需求也变得更加强烈。因此，为更好地展示中国黄金产业和黄金市场发展的现状，更好地满足市场参与各方对黄金市场信息和交易数据的需求，经编委会研究，于2019年起将《中国黄金市场报告》向全社会公开出版发行，每年对中国黄金市场进行全方位分析，给广大读者带来第一手的素材。

《2021中国黄金市场报告》共分五章，力图全景式、多角度地展示中国黄金市场产业及需求、场内与场外交易及投资情况，同时从国际对标角度来分析中国黄金市场的各项指标。其中第一章为“上海黄金交易所市场”，主要介绍上海黄金交易所前一年交易情况以及现货市场基础设施建设的成果。第二章为“上海期货交易所市场”，主要介绍上海期货交易所前一年黄金期货的交易情况以及期货市场建设情况。第三章为“商业银行黄金业务”，从宏观角度解析了商业银行黄金业务的特点和交易信息。第四章为“黄金供应与需求”，对国内黄金市场的供给需求、生产消费以及投资进口等数据进行了披露和分析。第五章为“国际黄金市场概述”，是对前一年全球黄金市场发展以及市场供给需求的总体介绍。

期待我们的努力能让您对中国黄金市场有更多的了解，并能让您有所收获。

目　录

CONTENTS

第一章

上海黄金交易所市场

[上海黄金交易所提供]

2020年，在中国人民银行的领导下，上海黄金交易所（以下简称上金所）有效保障疫情防控，稳步推动业务开展，市场运行平稳有序，清算、交割安全顺畅，交易规模持续增长，市场服务功能进一步增强。黄金、白银交易量均居全球交易所市场第三位。

一、上金所黄金市场交易情况

（一）市场运行概况

1. 交易概况

2020年，上金所总交易金额43.32万亿元，同比增长50.66%。其中，黄金成交量5.87万吨，同比下降14.44%，成交额22.55万亿元，同比增长4.91%；白银成交量421.47万吨，同比增长136.78%，成交额20.75万亿元，同比增长186.19%；铂金成交量84.32吨，同比增长97.15%，成交额164.83亿元，同比增长91.42%。上金所国际业务板块（以下简称国际板）成交金额8.26万亿元，同比增长125.24%。其中，黄金成交量8 028.83吨，同比下降2.07%，成交金额3.05万亿元，同比增长16.54%；白银成交量104.60万吨，同比增长316.95%，成交金额5.21万亿元，同比增长395.33%。

2020年，黄金竞价市场成交量2.67万吨，同比下降1.47%，成交金额10.24万亿元，同比增长20.63%。其中，黄金现货合约成交量3 480.84吨，同比下降33.24%；黄金延期合约成交量2.32万吨，同比增长6.12%。

黄金询价市场全年成交量3.10万吨，同比下降23.11%，成交金额11.93万亿元，同比下降5.67%，银行间询价市场参与机构扩容至79家。

黄金定价市场全年共进行486场1 002轮交易，平均每场2.06轮，共成交986.65吨，同比下降15.60%，成交额3 854.29亿元，同比增长6.35%，日均成交4.06吨，日均成交额15.86亿元，累计有29家会员单位、36家机构客户参与"上海金"交易。

2.资金结算

2020年资金清算量45 324亿元，日均清算量187亿元，同比增长21.59%。其中，自营资金清算量34 735亿元，同比增长26.23%；会员代理10 589亿元，同比增长8.52%。

3.实物交割

2020年，主板实物入库量共计4 107.95吨，同比下降5.52%；主板实物出库量共计3 353.27吨，同比上升12.69%。其中，主板黄金入库量共计1 280.64吨，同比下降28.00%；主板黄金出库量共计1 205.33吨，同比下降26.59%。

（二）市场运行特点

1.黄金价格创历史新高，国际金价年度涨幅超过两成

2020年初，新冠肺炎疫情扩散冲击全球经济，股票与商品市场普遍下跌，市场流动性短缺波及贵金属市场，国际现货黄金价格最低下探至1 451.13美元/盎司。3月，美国联邦储备系统（以下简称美联储）连续推出开放式量化宽松政策缓解全球流动性恐慌，低实际利率和通胀预期推升现货黄金价格大幅反弹。8月上旬，国际现货黄金价格最高触及2 075.14美元/盎司，国内现货黄金价格最高触及449.00元/克，均创历史新高。第四季度，受新冠肺炎疫苗研发取得积极进展、市场不确定性下降等因素影响，黄金价格高位回调整理。年末，国际现货黄金价格收于1 897.53美元/盎司，比2019年末上涨380.35美元/盎司，涨幅25.07%。上金所黄金Au99.99合约年初开盘价341.95元/克，全年最高价449.00元/克，最低价327.60元/克，振幅35.62%，年末收盘价390.00元/克，同比上涨14.44%。

图1.1　2020年国内外黄金价格走势

2.黄金、白银国内外价差走低

黄金国内外价差疫情期间由正转负，并徘徊在历史低位。2020年新冠肺炎疫情暴发以来，国内实物金销售受到冲击，出现黄金现货需求不足、供给相对过剩的情况，而国际市场受避险需求和实物流通不畅等因素影响，对黄金的需求比较旺盛，导致体现供求关系的敏感性指标——国内外价差走低，国内价格贴水。疫情暴发前，黄金国内外价差长期稳定在1~2元/克区间内；疫情暴发后，价差于2月由正转负，并于8月12日下探至-22.88元/克的全年最低值。第四季度，价差逐渐回归，年末基本稳定在-5元/克附近。

全年，黄金的国内外价差平均幅度为-5.77元/克，比上年的2.46元/克下跌了8.23元/克。针对国内外黄金价格出现历史上首次大幅倒挂情况，上金所调降延期市场递延费率，及时采取窗口指导措施，积极发挥银行的做市商作用，缓释市场价格倒挂风险，降低国际极端行情对上金所市场的负面冲击。全年，白银的国内外价差平均幅度为123.82元/千克，同比缩小156.47元/千克，同比降幅55.82%（见图1.2）。全年，铂金的国内外价差平均幅度为8.74元/克，同比扩大0.26元/克，同比增幅3.07%。

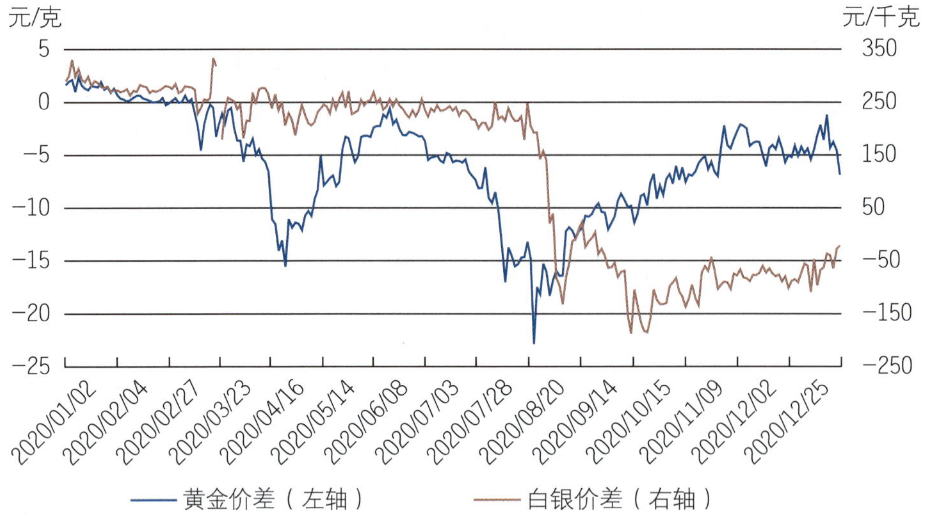

图1.2 2020年黄金、白银国内外价差走势

3.全球黄金市场普遍增长

美国芝加哥商业交易所集团（CME）旗下的COMEX黄金期货交易量继续引领全球，白银期货交易量退居全球交易所第二位。全年，COMEX黄金期货交易量50.13万吨[①]，同比下降7.64%，在全球主要交易所中仍排名第一；白银期货交易量829.53万吨，同比增长10.00%，在全球主要交易所中排名第二。

日本东京工业品交易所（TOCOM）黄金、白银期货交易量有所增长，印度孟买多种商品交易所（MCX）黄金、白银期货市场交投活跃。全年，日本TOCOM黄金期货交易量1.75万吨[②]，同比增长2.06%，全球排名第四；白银期货交易量仅904.92吨，同比增长106.17%。印度MCX黄金期货交易量9 407.69吨[③]，同比增长12.90%，全球排名第五；白银期货交易量78.87万吨，同比增长77.00%。

① 成交量为双边计算，数据来源：ftp：//ftp.cmegroup.com/webmthly 。

② 成交量为双边计算，数据来源：Bloomberg。

③ 成交量为双边计算，数据来源：https：//www.mcxindia.com/market-data/historical-data。

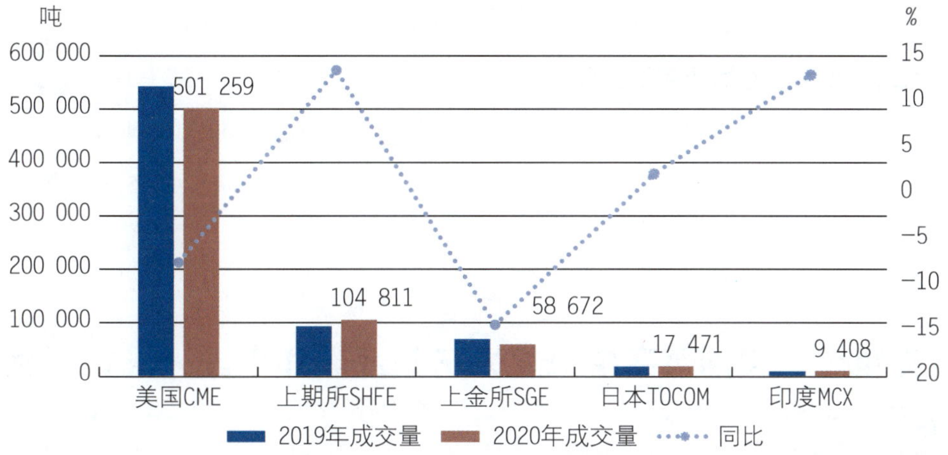

图1.3　全球主要交易所黄金成交量排名

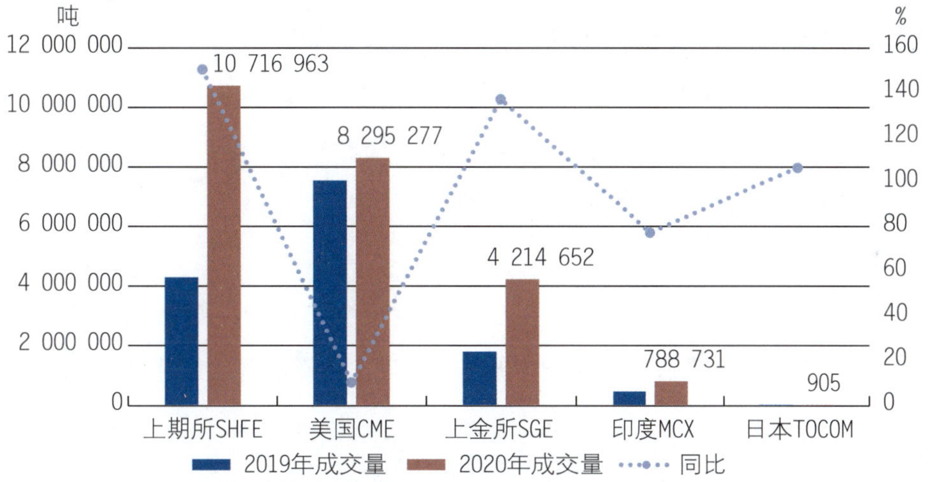

图1.4　全球主要交易所白银成交量排名

4. 黄金投资性交易需求提升，实物交易需求降幅较大

得益于市场行情推动投资需求增长以及手续费优惠减免政策，黄金延期市场交易量稳步增长，但受疫情期间实物需求大幅萎缩影响，黄金现货实物交易量降幅明显，导致黄金竞价市场总体交易量微降。熊猫金币产品的市场功能不断完善，做市商报价能力持续增强，价格运行较为平稳，全年交易量290.40千克，同比增长117.33%，共9 680枚，成交额1.13亿元，同比增长156.59%。沪组金延期产品交投活跃，沪组金延期合约全年成交量

203.16吨，成交额803.13亿元，日均成交量836.03千克，日均成交额3.31亿元。

5.黄金自营业务受疫情影响有所萎缩

黄金竞价交易主体中，自营成交量1.11万吨，同比下降21.10%，代理成交量1.56万吨，同比增长19.63%。其中，代理机构成交量7 016.84吨，同比增长13.60%；代理个人成交量8 593.00吨，同比增长25.05%。

二、抓重点，贯彻落实中央重大决策部署和中国人民银行党委重要工作部署

2020年，上金所深入领会习近平新时代中国特色社会主义思想，认真学习党的十九大和十九届二中、三中、四中、五中全会精神，坚决贯彻落实党中央重大决策部署和人民银行重要工作部署，在特殊年份展现了特殊作为，坚持金融服务实体经济的工作导向，着力防范化解市场风险，稳步推进业务发展，各项工作取得新进展。

（一）推进创新发展，丰富完善业务体系

场内产品创新不断深化，推动场内现货黄金期权产品研发，形成黄金现货期权业务方案。2020年年内实现3只传统黄金ETF上市及首批4只“上海金”ETF上市，推动保险资金通过投资黄金ETF参与黄金市场。场外产品创新持续推进，履约担保型询价产品实现技术上线，研究挂钩“上海银”询价衍生产品，推动多边询价产品创新储备。

（二）坚守发展导向，着力服务实体经济

优化交易机制，提升运行效率。2020年元旦起增加询价市场夜盘交易时间，调整后询价业务整体交易时段达10.5小时。设定长期未发生交易的合约为不活跃状态，提升市场运行效率。

降低交易成本，关怀疫区会员。结构化降低延期和现货合约手续费率，调降延期市场递延费率，降低投资者交易手续费及持仓成本。减免湖北地区会员单位2020年度年会费、

席位使用费、交易手续费、仓储费、出入库费等费用，降低疫区会员及相关机构运行成本。

（三）研究推动业务发展，进一步完善博士后管理工作

持续推动和完善研究发展工作制度建设，制定《上海黄金交易所对外合作课题管理办法》，为对外合作课题提供了制度依据；积极组织开展课题研究，完成“研究推进保险资金和养老资金进入黄金市场”等课题；认真完成中国人民银行等政府部门交办的研究项目；继续开展创新产品研究，密切关注市场走势，举办季度形势分析会，持续监测国内外贵金属市场。

进一步完善博士后科研工作站管理工作，修订完善《上海黄金交易所博士后科研工作站管理办法》；积极完成上海市“超级博士后”的遴选推荐工作，1名在站博士后被评选为上海市“超级博士后”。工作站全年共组织1场博士后中期报告会和1场博士后出站答辩会，共有2名博士后顺利出站。

博士后工作站持续推动学术交流，共举办2次在线学术分享会、1次主题研究会以及12期“博士后工作站内部学术讨论会”；学术成果保持高质量输出，在CSSCI等核心期刊上共发表12篇文章，上金所“博士后工作站文库”共有3本新书出版。

三、抓基础，持续推动各项工作取得突破

2020年，在中国人民银行的领导及支持下，上金所继续稳步实施“市场化、国际化”发展战略，市场运行平稳，各项业务成效显著。

（一）优化会员管理，严格防范场外风险

加大违法违规行为处罚力度，严肃处理深圳黄金资讯、武汉金凰和江西壹牛等违规违法会员，引入公开警示和市场禁入举措。优化会员资格全周期管理，建立事前准入严格审核、事中实时风险监测、事后限期整改与处罚的工作机制，设立会员入市辅导期，启动会员资格重新登记工作，约谈、警告并清退多家不合格机构。健全会员风险防控体系，落实

反洗钱、反恐怖融资和反逃税（“三反”）义务和投资者保护责任，开展会员反洗钱尽职调查，向反洗钱中心报送4份可疑交易报告，反洗钱工作获得中国人民银行表彰。

（二）服务黄金市场，聚焦投资者教育

一是市场推广方面，举办“外滩金融峰会”黄金市场云会场，提升上金所在全球黄金市场的影响力；应邀参加第二十八届中国国际金融展，并首次搭建线上展厅；与上海浦东发展银行、上海农商银行、清华大学五道口金融学院、郑州大学签署战略合作协议，拓宽合作领域；与中国黄金协会、世界黄金协会共同出版发布《中国黄金行业防疫抗疫社会责任报告》。

二是品牌推广及公共关系维护方面，全年发布关于上金所的新闻报道69 075篇，其中主体新闻7 682篇；实现官网迭代上线版本12次，共进行21项后台改造及前端功能发布，提升官网功能；微信号全年发布47期255篇新闻，关注人数增至14.4万人。

三是投资者教育方面，联合地方政府机构、会员单位、高等院校、行业协会，组织开展形式多样的“黄金大讲堂”“走进上金所”等知识普及活动和15期的“风险教育季”“风险教育沙龙”等风险教育公益活动，超过150万人次参加。全年举办“全国黄金交易从业水平考试”两次，共有9 000余人参考，并对在武汉考点参加考试的考生免收考试费用；对考试教材《黄金市场基础知识与交易实务》进行修订，于7月初向社会公开发行。

四是登记托管业务方面，全年完成533只资管产品的登记托管，建成黄金市场交易报告库一期，推进积存金兑换、代销等场外业务，推动场外黄金市场基础服务平台建设。

（三）健全反洗钱机制，提升全行业反洗钱意识

2020年，上金所不断强化反洗钱工作使命感和责任感，紧密跟踪政策动态，自觉履行反洗钱义务，积极推进贵金属行业反洗钱工作体系不断完善。

1.积极协助监管机构履职

持续跟进并落实反洗钱金融行动特别工作组（FATF）国际互评估整改工作，组织贵金

属行业洗钱风险评估座谈和调研，参与撰写《贵金属行业洗钱风险评估报告》，助力监管机构深入了解贵金属市场业务模式及风险现状，前期工作受到反洗钱工作部际联席会议表彰。

2.筑牢洗钱风险防控底线

加强内部制度建设，印发《上海黄金交易所会员身份识别工作指引》；做好会员身份持续识别，组织会员填写《2020年度尽职调查问卷》并开展会员信息重新登记工作；强化洗钱风险线索挖掘，业务一线部门通过日常监测、书面问询、实地走访等方式提高对可疑线索的分析研判能力，全年可疑交易报告报送工作取得新突破。

3.推动会员履行反洗钱义务

明确制度要求，将反洗钱要求融入会员资格审查，要求会员全面建立反洗钱内控制度、配备相应岗位人员并自觉履行反洗钱义务；通过会员资格重新登记、调研座谈等方式引导会员建立合格的反洗钱工作体系。

4.加大培训与宣传力度

线上线下相结合，组织相关部门80余人次、会员单位10余家参与反洗钱培训，完成新员工入职培训与考试，持续提升相关岗位人员反洗钱专业技能；通过官网、公众号专栏发布宣传文章，提升全市场的反洗钱合规意识。

（四）推进系统建设，保障系统安全高效

顺利完成大额支付接入系统等14项任务系统上线，有序推进信用型询价交易系统自主开发建设项目等3项任务的系统开发。完成四代系统整体实施方案、四代一期建设需求方案和技术方案的制订，按计划推进四代一期建设项目的设计编码工作。推动“两地三中心”与花桥开发测试中心建设，顺利完成网络攻防演练，经受交易高峰冲击，保障系统安全稳定运行。

四、国际业务突破创新

（一）国际板市场运行情况

2020年，新冠肺炎疫情在全球蔓延，国际金融市场剧烈动荡，上金所以上海国际黄金

交易中心为载体，积极服务“一带一路”倡议，落实国家各项方针政策，推动国际板业务发展，市场功能逐步完善，对国际黄金市场的影响力进一步增强。

1.国际会员规模持续扩大，会员结构不断优化

截至2020年末，已发展89家国际会员、87家国际客户，全年新增国际会员13家。国际会员涵盖商业银行、精炼企业、贸易公司、券商、投资机构等多种类型，市场参与主体结构进一步优化，交易规模和市场参与度不断提升。

2.资金清算路径顺畅，跨境资金流动有序

国际板资金清算路径顺畅，资金跨区调拨规模可测、渗透风险可控。2020年，国际板净额资金清算量1 546.44亿元，日均清算量6.36亿元，同比下降18.05%。国际会员实现资金划转1 120.91亿元，其中转入资金577.43亿元，转出资金543.48亿元。跨境资金流出133.95亿元，流入122.34亿元，逆差11.61亿元。截至2020年底，国际板共在中国银行等9家保证金存管银行开立8个FT账户和1个境外结算专用账户；国际会员已开立200个自由贸易账户（FT账户），其中境内机构自由贸易账户（FTE账户）100个，境外机构自由贸易账户（FTN账户）100个；境外账户36个。

3.提高物流效率，推动国际板转口贸易业务起步

上金所积极会同海关等相关部门主体，通过不断优化流程、降低物流运转成本、提高报关效率等措施，实现上海开展同类业务效率与国际主流黄金市场相当。国际板开展转口贸易标志着国际板全面融入全球市场，能够在全球的黄金资源配置中发挥市场功能。截至2020年底，国际板转口贸易规模23.26吨。

（二）重点布局，推进国际合作

1.不断丰富“黄金之路”项目内涵，推出金锭加工复出口业务模式

以国内银行和精炼企业的实际产业需求为基础，创新业务模式、再造业务流程，在后疫情时期试点推出标准金锭加工复出口业务，切实满足国内黄金产业复工复产的内在需求，加快推进境内外黄金实物市场互联互通，为推动中国黄金产业优质产能“走出去”，并与“一带一路”沿线旺盛的实物黄金需求有效对接奠定基础。

2. 大力铺设金融基础设施建设，推动国际板FT账户海外联通，实现FT境内复制推广业务落地

境外，以中国澳门为创新起点，将国际板的账户服务延伸至海外；境内，深圳地区国际会员可直接在当地开立FTN黄金结算专用账户，实现了FT账户的复制推广落地。FT账户的境内外延伸，进一步降低了全球客户参与国内黄金市场的运营成本，提升了金融基础设施的服务能级，为人民币国际化、资本项目跨境资金结算提供了可借鉴的合作新模式，促进了贸易投资便利化。

3. 加强重点布局，推进国际合作，拓展市场开放空间

积极向外探索，推进与重点国家和区域市场合作项目：2020年，与俄罗斯全国金融协会签署谅解备忘录，约定在信息共享、联合市场推介、投资者教育等多方面开展合作，促进中俄两地贵金属市场互联互通及共赢发展；就上金所业务对莫斯科交易所开展员工培训；与美国芝加哥商业交易所（CME）就维护市场健康秩序、产品信息及后续合作等保持良好沟通；推动与印度相关交易所的合作洽谈。

4. 克服疫情影响，加大境内外线上推广力度

举办多场“黄金之路”项目等创新业务线上推介会。协同大华银行、周大福和泰国MTS，向来自泰国、新加坡、中国香港、中国澳门等国家和地区的40多家企业、近130位黄金市场从业人员推介“黄金之路”业务新模式，探讨后疫情时期的跨市场产业合作新机遇。联合中国银行上海总部、中国银行澳门分行、澳门金业同业公会举办中银澳门“沪澳黄金之路”线上研讨会。举办“黄金之路”金锭进出口线上研讨会，与150余位来自金融机构和精炼企业相关业务负责人员探讨通过上金所国际板平台开展银企间金锭加工复出口合作。

举办国际会员线上培训会。为来自12个国家和地区的154名国际会员及境外机构举行业务培训，帮助国际会员进一步了解中国黄金市场，有利于国际会员积极、合规地参与国际板各项业务。

第 二 章

上海期货交易所市场

[上海期货交易所提供]

2020年，受新冠肺炎疫情等多种因素影响，全球金融市场大幅波动，世界经济面临更多不稳定、不确定因素。上海期货交易所（以下简称上期所）在中国证监会指导下，积极应对防范风险，全力推动市场功能发挥，为实体经济提供了风险管理的专业工具。作为上期所重要品种，黄金期货在2020年总体运行稳健，市场流动性充沛，期现货价格联系紧密，客观反映市场供需变化，在极端风险应对中较好地发挥了“减震器”的作用，为防疫战疫贡献了期货力量，并为全球投资者风险定价提供了有效信息。

一、市场运行情况综述

（一）成交情况

2020年，按单边统计，上期所黄金期货成交量5 240.55万手（约合5.24万吨），同比增长13.41%；成交金额20.72万亿元，同比增长38.16%（见图2.1与图2.2）。全年日均成交量21.57万手，日均成交金额852.61亿元；年末持仓18.79万手。同期，上期所黄金期货期权成交量234.74万手，成交金额156.26亿元；全年日均成交量0.97万手，日均成交金额0.64亿元；年末持仓量4.01万手。

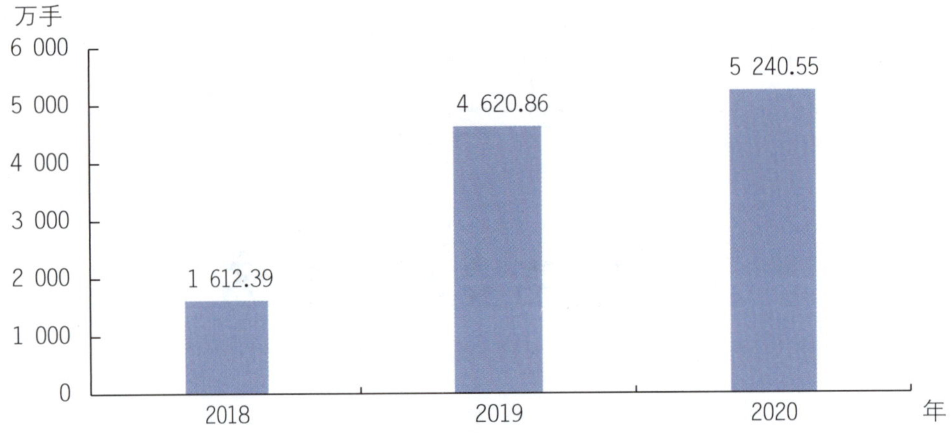

图2.1　2018—2020年上期所黄金期货成交量（单边计算）
（资料来源：上期所）

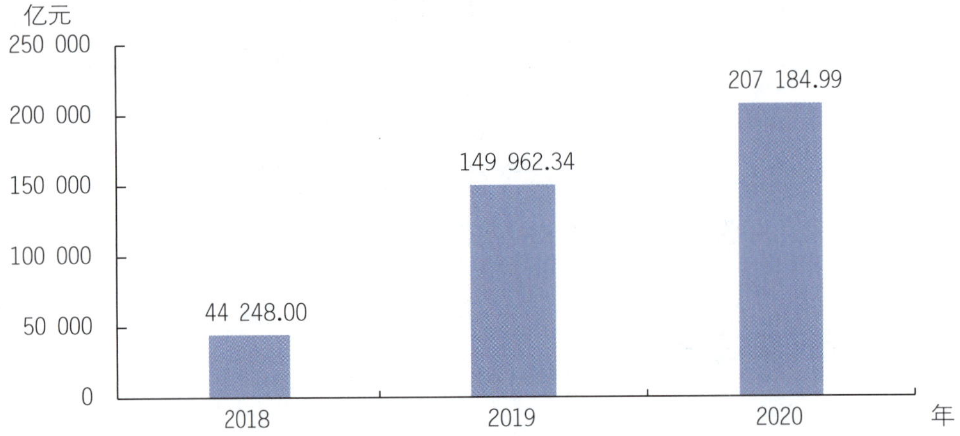

图2.2　2018—2020年上期所黄金期货成交金额（单边计算）
（资料来源：上期所）

1. 月度成交量

2020年，黄金期货月度成交量均值为436.71万手（约合4 367.1吨），同比增长13.41%。全年月度成交呈震荡趋势，其中上半年受疫情影响，市场避险需求推动黄金期货成交量较往年出现明显增长。全年各月成交中，成交量最高为8月的744.66万手（约合7 446.6吨），最低为2月的209.66万手（见图2.3）。

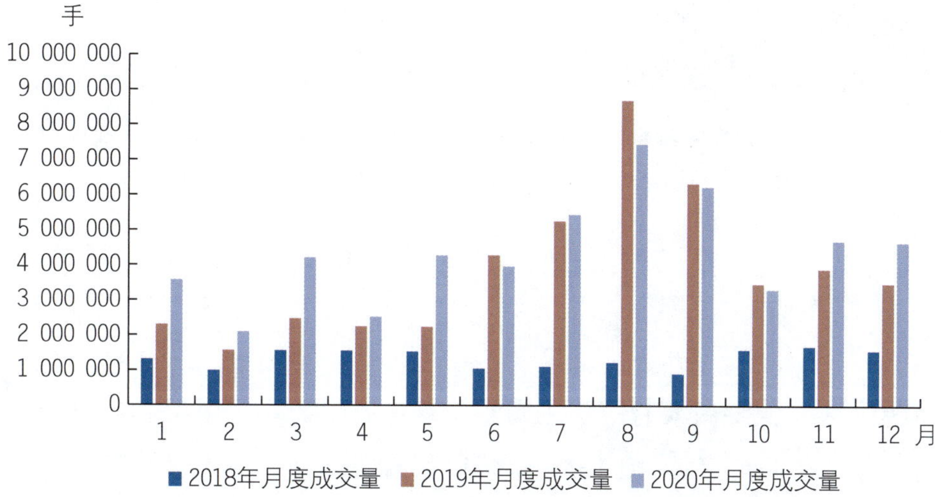

图2.3　2018—2020年上期所黄金期货月度成交量对比（单边计算）
（资料来源：上期所）

2. 月末持仓量

2020年，黄金期货月末持仓量均值为25.98万手（约合259.8吨），同比下降1.34%。其中，月末持仓最大为8月末的31.39万手，最小为12月末的18.79万手。

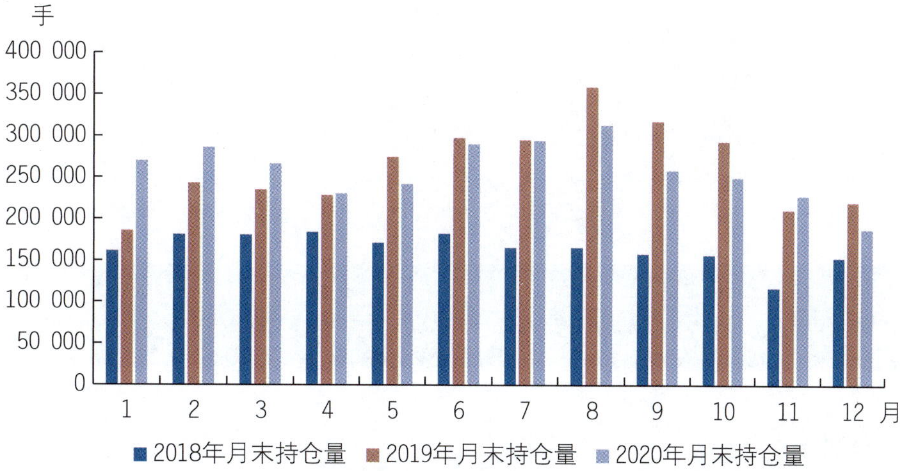

图2.4　2018—2020年上期所黄金期货月末持仓量比较（单边计算）
（资料来源：上期所）

3.套保成交情况

2020年，黄金期货套期保值交易量为345.07万手（折合3 450.66吨），同比下降4.22%；套期保值日均持仓量23.55万手（折合235.5吨），同比增长10.27%，日均持仓占市场总量的比例为44.48%，较2019年增加9.69个百分点。

（二）交割情况

截至2020年末，上期所共有中国工商银行股份有限公司、中国农业银行股份有限公司、中国银行股份有限公司、中国建设银行股份有限公司、交通银行股份有限公司、上海浦东发展银行股份有限公司6个指定交割金库，涉及39个存放点。2020年，黄金期货累计交割2 958千克，同比增长36.75%（见图2.5），月均交割246.5千克，全年交割率0.01%。

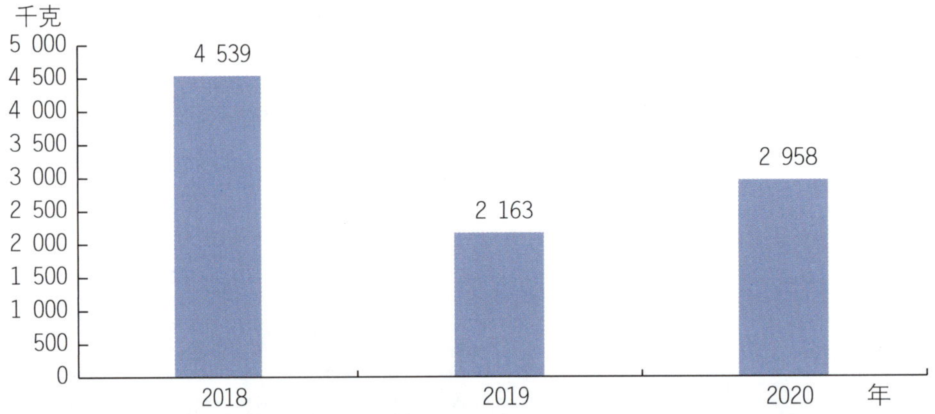

图2.5　2018—2020年上期所黄金期货交割情况
（资料来源：上期所）

（三）会员参与情况

2020年，参与黄金期货交易的会员共173家，约占总会员数的88.27%；其中，期货公司会员147家、非期货公司会员26家。

二、市场价格情况

（一）国际黄金期货价格走势

2020年，国际黄金价格总体呈震荡上行走势（见图2.6）。以芝加哥商业交易所集团COMEX分部（以下简称芝商所）的黄金期货为例，其主力合约年初开盘价1 521.0美元/盎司，最高价2 089.2美元/盎司（8月7日），最低价1 450.9美元/盎司（3月16日），年末收盘价1 901.6美元/盎司，较上年末收盘价上涨381.6美元/盎司，年涨幅25.11%。

图2.6　2020年国内外黄金期货价格走势比较

（资料来源：上期所，Wind资讯）

2020年，受全球新冠肺炎疫情暴发、各经济体密集出台经济刺激计划、美元实际利率进入负区间等因素影响，市场避险需求拉动国际金价快速上涨，并一举突破2 000美元/盎司高位。具体走势上看，第一季度，随着世卫组织宣布疫情升级为“全球大流行病”，空前的疫情防控措施显著抑制经济活动，全球金融市场出现无序巨幅波动，市场短期流动性极度匮乏，债券市场罕见出现超低收益率与远期曲线扁平叠加，包括黄金在内的各类风险资产及大宗商品价格同步急剧下挫。3月16日，国际金价一度盘中触及全年低点1 450.9美元/

盎司。第二、第三季度，随着全球各国陆续出台疫情应对措施、实施有针对性的财政货币政策，以及市场情绪的逐步修复，避险需求推动国际金价快速上涨。其中，受疫情阻断黄金全球调运及部分炼厂停产等因素影响，国际市场黄金区域价差一度异常放大。8月7日，国际金价盘中一度触及2 089.2美元/盎司，创历史新高。第四季度，随着疫情防控取得进展，国际金价震荡回落后小幅反弹至1 850美元/盎司上方。

（二）国内黄金期货价格走势

2020年，上期所黄金期货价格走势与国际黄金期货价格走势总体保持一致。上期所黄金期货主力合约年初开盘价346.00元/克（1月2日），最高价454.08元/克（8月7日），最低价330.12元/克（3月17日），年末收盘价397.60元/克，较上年末收盘价上涨50.12元/克，年涨幅14.42%。

全年来看，上期所黄金期货价格与芝商所黄金期货价格的相关系数为0.9369，保持高度相关；上期所黄金期货价格与上金所黄金T+D价格的相关系数为0.9975，国内黄金期现价格高度相关。国内黄金期货与黄金T+D的基差走势，及其与芝商所黄金期货的价差走势分别见图2.7和图2.8。

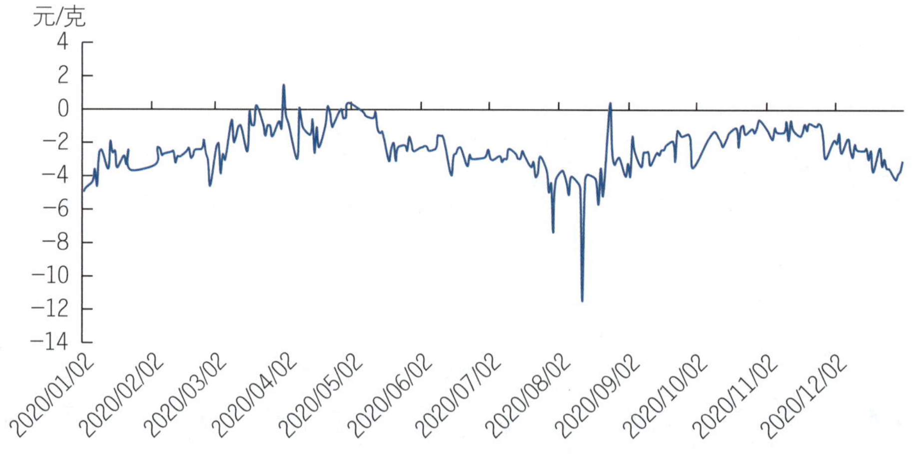

注：收盘价。

图2.7 2020年上期所黄金期货与上金所黄金T+D基差走势

（资料来源：上期所，Wind资讯）

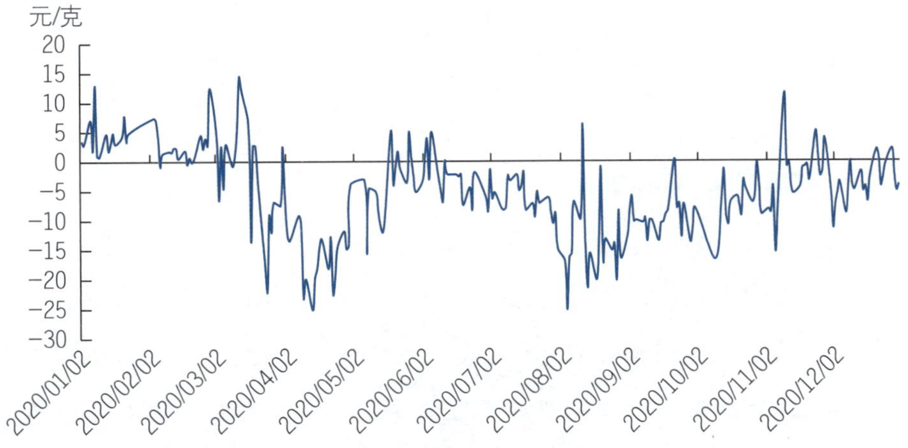

注：收盘价，其中芝商所黄金期货价格按每日人民币美元汇率中间价换算为人民币价格。

图2.8　2020年上期所黄金期货与芝商所黄金期货价差走势

（资料来源：上期所，Wind资讯）

（三）黄金期货价格波动情况

2020年，黄金期货价格波动明显增大，日收益率年化波动率为18.32%，较2019年增加5.22个百分点（见表2.1）。

表2.1　2018—2020年黄金期货日收益率年化波动率

波动率	2018年	2019年	2020年
年化波动率	6.86%	13.10%	18.32%

注：年化波动率根据日收益率标准差与年交易天数的算术平方根算出，采用收盘价。
资料来源：上期所。

三、市场建设情况

2020年，上期所在中国证监会的坚强领导下，按照“建制度、不干预、零容忍”的方针，坚持“四个敬畏、一个合力”，深入贯彻新发展理念，切实履行市场一线监管职责，丰富产品供给，提升双向开放，锻造市场纽带，支持行业复工复产，着力构建以国内大循环为主体、国内国际双循环相互促进的新发展格局。其中，黄金期货市场建设相关工作主要如下。

（一）不断夯实市场基础制度

2020年，上期所积极做好期货法立法配合工作，维护市场公开、公平、公正，加强投资者保护，保障市场健康发展和高效运行，进一步提升我国衍生品市场的吸引力和国际竞争力。同时，不断总结提炼市场发展规律与监管实践经验，修订完善一系列规则细则，力争为市场提供连续、稳定、可预期的基础性制度安排，逐步构建具有中国特色的衍生品市场制度体系。

（二）不断拓展市场广度深度

2020年，上期所黄金期权顺利走通交易、结算、行权全流程，标志着我国黄金衍生品市场避险工具更趋丰富，产品联动更趋集成，参与结构更趋完善。同时，上期所进一步优化黄金期货做市交易机制，推进黄金期货交割质量标准修订，提升合约连续性，增加市场深度。

（三）不断提高市场运行效率

2020年，上期所积极回应行业需求，优化推出黄金期货一日交割方案，通过交割机制创新，简化操作流程，提升市场运行效率，切实帮助实体企业缩短资金与库存流转周期。同时，推出国债作为保证金业务，研究丰富交割仓库布局，进一步提升衍生品市场要素配置效能。

（四）不断增强市场治理水平

2020年，受疫情影响，国际黄金市场价格出现剧烈波动。在此期间，上期所切实加强风险预研预判，做好一线监管，黄金期货市场总体运行平稳，在极端风险应对中发出了坚定的“中国声音”，为全球投资者风险定价提供了有效信息。年内，鉴于贵金属、基本金属、能源化工等品种良好表现，上期所获评《期货期权世界》《全球投资者》“年度最佳新兴市场交易所”称号。

（五）不断创新行业生态建设

2020年，上期所在支持黄金行业创新发展方面积极应变，主动求变，创新推出“上期线上金属论坛”“线上金属周”等各类投资者教育活动，推动举办“期望杯”全国黄金投资分析师职业技能竞赛，探索举办线上线下形式多样的国际国内产业会议，积极营造市场发展良好生态，服务行业高质量发展。

四、工作展望

习近平总书记在浦东开发开放30周年庆祝大会上指出，要推动更深层次改革、更高水平开放，增强全球资源配置能力，提升重要大宗商品的价格影响力。下一步，上期所将在中国证监会统一部署下，紧紧围绕提升重要大宗商品价格影响力，更好地服务和引领实体经济发展的大目标，胸怀大局，服务全局，加快改革创新步伐，持续提高市场运行质量，助力构建新发展格局。

一是积极改革创新，激发市场新活力。全面优化黄金衍生品交易、结算、交割、风控等各环节规则制度和技术系统，进一步提升市场运行质量，力争为各方提供专业高效、更趋丰富的风险管理工具。

二是锻造市场纽带，服务行业新征程。深入研究各类市场主体需要，进一步加大产品供给，完善参与结构，拓宽参与渠道，深化市场培育，加强期货与现货市场互联互通，不断创新投资者教育，提升市场资源要素配置效率，大力服务黄金行业高质量发展。

三是提升双向开放，打造发展新动能。加快研究黄金期货国际化，探索制度型开放新模式，加强与境内外联系，凝聚行业智慧，积极构建良好的发展生态，不断提高黄金期货价格国际影响力。同时，努力践行以人民为中心的理念，持续提升开放环境下一线监管能力，切实维护市场公开、公平、公正。

第 三 章

商业银行黄金业务

[中国人民银行上海总部提供]

2020年，商业银行黄金市场总体运行平稳，在上金所的黄金交易量虽小幅下降，但占比仍超过70%，在境内外开展的各项场外黄金交易量保持增长。

一、商业银行在上金所的黄金交易量同比下降

2020年，各商业银行在上金所的黄金交易总量为43 267.67吨（含自营和代理），同比下降23.01%，成交金额166 331.02亿元，同比下降5.42%。从自营和代理交易结构看，黄金自营成交34 684.71吨，同比下降29.11%；黄金代理成交8 582.97吨，同比增长17.96%，其中代理机构成交794.23吨，同比下降20.33%；代理个人成交7 788.74吨，同比增长24.04%。

从询价、竞价和定价交易方式上看，银行询价交易黄金29 629.21吨，同比下降24.01%；竞价交易黄金12 738.03吨，同比下降21.06%；定价交易黄金900.43吨，同比下降13.71%。商业银行分别占询价、竞价、定价黄金交易量的94.76%、48.31%和91.26%。

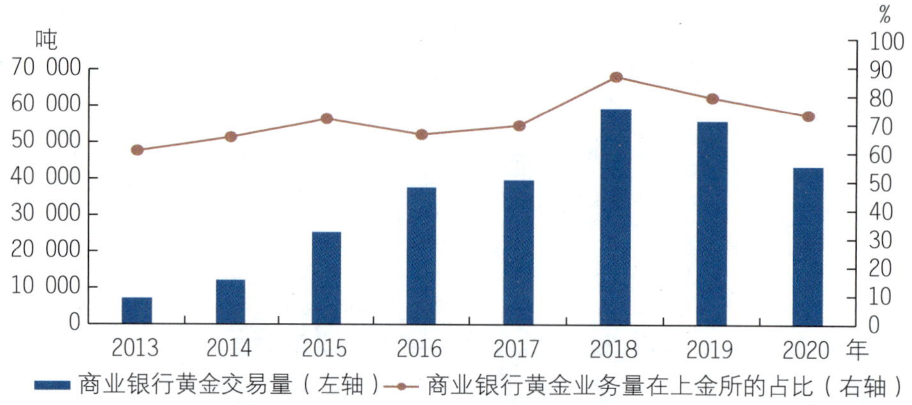

图3.1 商业银行在上金所的黄金交易量和占比情况
（资料来源：黄金市场监测分析系统）

二、商业银行场外黄金交易规模总体增长

2020年，商业银行在境内开展的各项场外黄金业务累计成交1.14万吨，同比增长10.26%。其中，账户金、实物金及黄金理财产品销售表现增长，黄金租借和黄金衍生品交易规模有所下降。

（一）账户金交易量大幅增长

2020年，全国有13家商业银行开展了账户金交易，双边成交4 480.16吨，同比增长

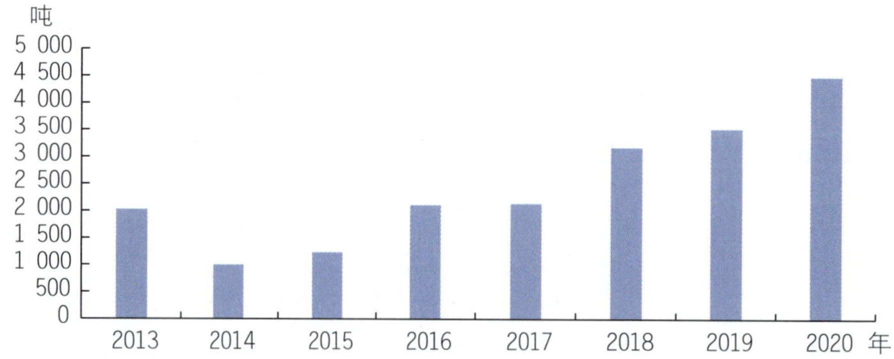

图3.2 商业银行账户金交易情况
（资料来源：黄金市场监测分析系统）

27.51%；成交金额为17 093.67亿元，同比增长53.53%。其中，人民币账户金累计成交4 185.73吨，同比增长27.71%；美元账户金累计成交294.44吨，同比增长24.86%。

（二）实物金销售近5年首次增长，回购保持增长

商业银行实物金业务包括自营品牌金、代理品牌金和黄金积存（含黄金定投）的销售及回购。2020年，商业银行实物金销售252.42吨，同比增长21.27%，累计销售金额1 016.99亿元，同比增长46.79%。其中，自营品牌金销售86.85吨，同比增长14.19%；代理品牌金销售16.24吨，同比下降12.19%；黄金积存（含定投）销售149.33吨，同比增长33.77%。

2020年，商业银行累计回购及赎回黄金233.32吨，同比增长18.09%。其中，自营和代理品牌金回购量分别为68.60吨和16.02吨，较上年分别增长71.53%和下降22.05%。黄金积存（含黄金定投）赎回量为148.70吨，同比增长9.89%。

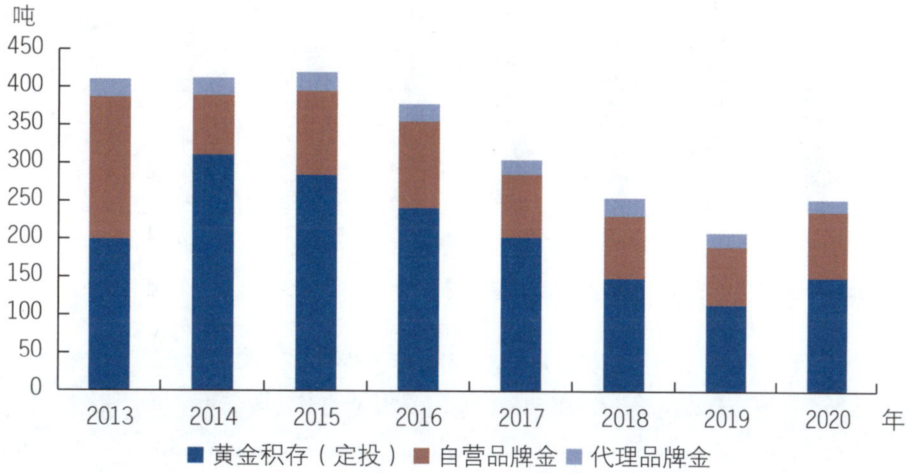

图3.3 商业银行实物黄金交易量情况
（资料来源：黄金市场监测分析系统）

（三）黄金理财产品销售较快增长

2020年，商业银行出售各类挂钩黄金理财产品的名义本金额达38 394.89亿元，同比增长52.07%，到期赎回38 839.54亿元，同比增长87.20%。截至12月末，未到期黄金理财产品

的余额为4 752.59亿元，同比下降38.24%。

（四）黄金租借业务小幅下降

黄金租借业务包括商业银行同业黄金拆借和对企业客户的黄金租赁两部分。2020年，商业银行黄金租借累计成交2 013.01吨，同比下降8.01%。其中同业拆出黄金1 410.12吨，同比下降2.62%；对客租出黄金602.89吨，同比下降18.55%。截至2020年末，黄金租借余额为1 193.52吨，同比下降15.07%。

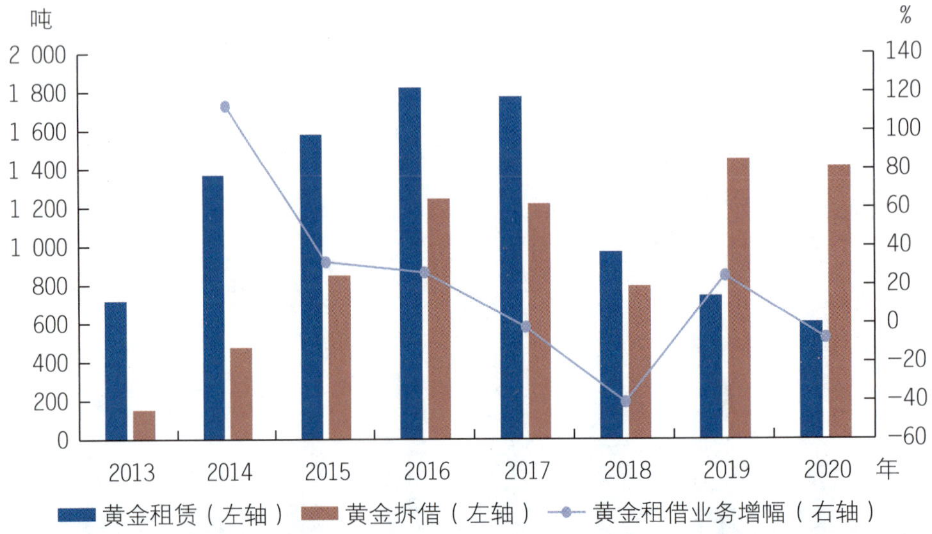

图3.4 2013—2020年商业银行黄金租借交易情况
（资料来源：黄金市场监测分析系统）

（五）境内黄金衍生品交易小幅下降

2020年，商业银行在境内开展的场外黄金衍生品累计成交黄金3 154.62吨，同比下降10.80%。从币种结构来看，人民币计价的黄金衍生品成交686.18吨，同比增长27.65%；美元计价的黄金衍生品成交2 468.44吨，同比下降17.69%。

三、商业银行境外黄金交易量小幅增长

2020年，共有31家商业银行参与境外黄金交易，累计成交23 008.95吨，同比增长0.03%；名义成交金额为12 982.34亿美元，同比增长27.04%。从交易结构看，包括黄金远期、掉期、期权、期货在内的境外黄金衍生品交易总量为10 803.51吨，占比46.95%；黄金即期和黄金拆借占比分别为17.20%和35.85%。

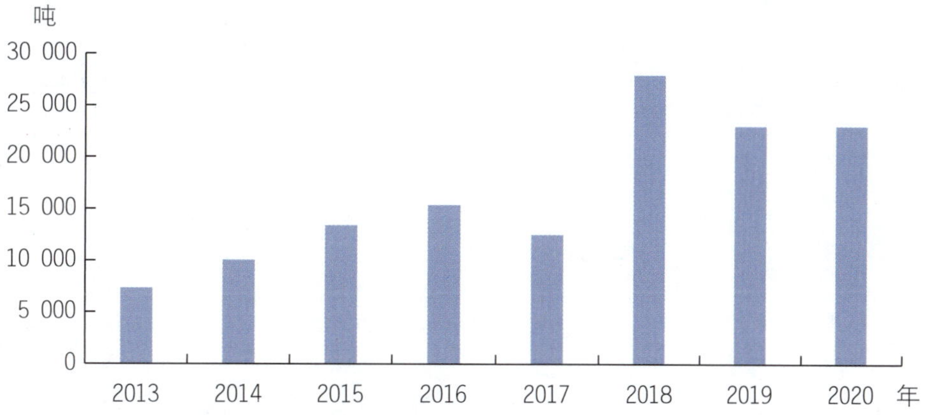

图3.5　商业银行境外黄金交易情况

（资料来源：黄金市场监测分析系统）

第四章

黄金供应与需求

[中国黄金协会提供]

2020年，我国黄金供应量为1 242.75吨，与2019年相比减少462.95吨，同比下降27.14%。其中，成品金479.50吨，同比下降4.18%；回收金583.92吨，同比增长25.66%；进口金179.33吨，同比下降75.79%。

表4.1　2020年我国黄金供需平衡表　　单位：吨、%

类别	2020年	2019年	同比增减
一、黄金供应			
（一）成品金	479.50	500.42	-4.18
（二）回收金	583.92	464.68	25.66
（三）进口金	179.33	740.60	-75.79
总供应	1 242.75	1 705.70	-27.14
二、黄金需求			
（一）黄金消费	820.98	1 002.78	-18.13
1.黄金首饰	490.58	676.23	-27.45
2.金条及金币	246.59	225.80	9.21
3.工业用金及其他	83.81	100.75	-16.81
（二）黄金首饰及制品出口	163.32	248.57	-34.30

续表

类别	2020年	2019年	同比增减
（三）投资需求	223.78	293.15	−23.66
1.黄金ETF	16.11	−0.31	—
2.机构流转及配置	207.67	293.46	−29.23
（四）官方净买入	0.00	95.80	−100.00
总需求	1 208.08	1 640.30	−26.35
三、供需平衡			
当年新增库存	34.67	65.40	−46.99

资料来源：中国黄金协会。

2020年，我国黄金需求量为1 208.08吨，与2019年相比减少432.22吨，同比下降26.35%。其中，消费需求820.98吨，同比下降18.13%；黄金首饰及制品出口163.32吨，同比下降34.30%；投资需求223.78吨，同比下降23.66%。

2020年，我国黄金库存变化项新增34.67吨，同比下降46.99%。2020年，我国黄金产量、消费量继续保持世界第一位。

一、黄金供应结构

2020年，我国黄金供应结构如下：成品金479.50吨，占比38.58%；回收金583.92吨，占比46.99%；进口金179.33吨，占比14.43%。回收金成为我国最大的黄金供应源。

表4.2　2020年我国黄金供应结构　单位：吨、%

类别	2020年	2019年	同比增减量	同比增减	占比
成品金	479.50	500.42	−20.92	−4.18	38.58
回收金	583.92	464.68	119.24	25.66	46.99
进口金	179.33	740.60	−561.27	−75.79	14.43
总计	1 242.75	1 705.70	−462.95	−27.14	100.00

资料来源：中国黄金协会。

（一）成品金

1. 国内原料黄金产量与进口原料黄金产量

2020年，全国总计生产成品金479.50吨，同比下降4.18%。其中，国内原料黄金产量365.34吨，同比下降3.91%，连续14年成为全球最大黄金生产国；进口原料黄金产量114.16吨，同比下降5.02%。受新冠肺炎疫情影响，国内黄金产量延续近年下滑趋势，全球疫情蔓延使进口黄金原料供应趋紧。

2. 矿产金与有色副产金

2020年，在国内原料黄金产量中，矿产金完成301.69吨，同比下降4.03%；有色副产金完成63.65吨，同比下降3.35%。

3. 重点产金省（含进口料产金）

2020年，我国黄金产量前五名省份是山东省、河南省、江西省、云南省和甘肃省，黄金成品金产量分别是179.22吨、83.69吨、30.15吨、27.95吨和26.94吨。这五个省份的黄金成品金产量合计347.95吨，占全国成品金总产量（含进口料产金）的72.56%，比上年下降了2.63个百分点。

表4.3　2020年重点产金省成品金产量前五名情况　　单位：吨、%

排名	省份	2020年	2019年	同比增长
1	山东省	179.22	188.18	-4.76
2	河南省	83.69	90.17	-7.19
3	江西省	30.15	44.21	-31.80
4	云南省	27.95	25.68	8.84
5	甘肃省	26.94	28.08	-4.06

资料来源：中国黄金协会。

延伸阅读

截至2019年底，全国黄金查明资源储量14 131.06吨，同比增长3.61%，是我国黄金查明资源储量连续增长的第15年，是突破万吨大关的第五年。

2019年，黄金查明资源储量增长量最多的是山东省、安徽省和黑龙江省，分别增长了177.67吨、87.59吨和68.54吨。以上3个省共计增加黄金查明资源储量333.80吨，占2019年全国新增黄金资源储量的67.75%。

（二）回收金

2020年，我国回收金量为583.92吨，同比增长25.66%，占总供应量的46.99%。黄金价格的上涨刺激了回收金的增长，同时由于进口金大幅下降，回收金已成为我国最大的黄金供应源。

（三）进口金

根据海关黄金进出口数据估算，2020年，我国黄金市场进口金数量为179.33吨，同比下降75.79%，占总供求量的14.43%。

二、黄金需求结构

2020年我国黄金需求总量为1 208.08吨，比2019年减少432.22吨，同比下降26.35%。其中，黄金消费需求820.98吨，连续八年保持全球第一大黄金消费国，与2019年同期相比减少181.80吨，下降18.13%，占总需求的67.96%；黄金首饰及制品出口163.32吨，占总需求的13.52%；投资需求223.78吨，占总需求的18.52%。

表4.4　2020年我国黄金需求量结构表　　单位：吨、%

类别	2020年	2019年	同比增减量	同比增减	占比
一、黄金消费	820.98	1 002.78	−181.80	−18.13	67.96
1.黄金首饰	490.58	676.23	−185.65	−27.45	40.61
2.金条及金币	246.59	225.80	20.79	9.21	20.41
3.工业用金及其他	83.81	100.75	−16.94	−16.81	6.94
二、黄金首饰及制品出口	163.32	248.57	−85.25	−34.30	13.52
三、投资需求	223.78	293.15	−69.37	−23.66	18.52
1.黄金ETF	16.11	−0.31	16.42	−	1.33
2.机构流转及配置	207.67	293.46	−85.79	−29.23	17.19
四、官方净买入	0.00	95.80	−95.80	−100.00	0.00
总计	1 208.08	1 640.30	−432.22	−26.35	100.00

资料来源：中国黄金协会。

（一）黄金消费

1.黄金首饰

2020年，黄金首饰消费量为490.58吨，占总需求量的40.61%，比2019年减少185.65吨，同比下降27.45%。年初新冠肺炎疫情暴发，黄金首饰生产加工和零售均受到较大影响；随着国内疫情防控态势好转，黄金首饰消费稳步回升，特别是部分黄金首饰零售企业在线上打开新市场，在一定程度上收窄了全年首饰消费量的降幅。

2.金条及金币

2020年，金条及金币消费量为246.59吨，比2019年增加20.79吨，同比增长9.21%，占总需求的20.41%。金价的巨幅波动和宽松的货币政策引发了民间投资者对黄金的关注，尤其下半年，金条及金币消费量同比呈现大幅增长趋势。

3.工业用金及其他

2020年，我国工业用金及其他需求量为83.81吨，比2019年减少16.94吨，同比下降

16.81%，占我国黄金总需求的6.94%。黄金价格上涨导致工业用金企业用金量有所下滑。

（二）黄金首饰及制品出口

2020年，根据海关进出口数据估算，我国黄金首饰及制品出口163.32吨，占总需求量的13.52%，比2019年减少85.25吨，同比下降34.30%。我国黄金首饰及制品出口进一步下降。

（三）投资需求

1. 黄金ETF

2020年，国内黄金ETF基金由4只增加至11只，年末持仓量60.91吨，较上年末增持16.11吨，同比增长35.97%。黄金避险和抵御通货膨胀功能受追捧，黄金ETF持仓规模大幅提升。

2. 机构流转及配置

2020年，机构流转及配置黄金需求207.67吨，较2019年减少85.79吨，同比下降29.23%，占总需求量的17.19%。

（四）官方净买入

2020年，我国官方黄金储备未发生变化，截至12月末仍为1 948.32吨，居全球第七位。

第五章

国际黄金市场概述

[世界黄金协会提供]

一、全球黄金市场概况

2020年的全球黄金市场被笼罩在新冠肺炎疫情的阴影之下，而对于黄金需求而言，创纪录高位的金价则好坏参半。疲软的第四季度为创下11年来最低年度黄金需求的2020年画下句点。

新冠肺炎疫情及其深远的影响带给黄金消费的压力贯穿全年，最终致使2020年全球黄金需求量下降14%至3 759.6吨，2009年以来首次低于4 000吨。第四季度全球金饰需求为515.9吨，同比下降13%；全年金饰总需求为1 411.6吨，同比下降34%，创下了纪录中的年度新低。第四季度金条和金币需求同比增长10%，带动年度零售投资总量同比回升3%，达到896.1吨；但比照其10年平均水平（1 199.5吨）仍有差距。尽管第四季度黄金ETF流出130吨，但其2020年全年流入量仍创下纪录：全球黄金ETF持仓量增加了877.1吨。此外，也有证据表明场外黄金交易同样表现强劲（虽然我们的数据中没有直接包含）。全年央行的净购金量为272.9吨（同比下降59%），其中86%为上半年购入。2020年的科技行业用金在疫情影响下，下降7%至307.9吨。

全年黄金总供应量为4 633吨，同比减少4%，是2013年以来最大的年度降幅。供应下降的主要原因在于疫情对金矿生产的扰动，而2020年回收金总量增加了1%至1 297.4吨，在一定程度上与矿产金产量下降相抵。

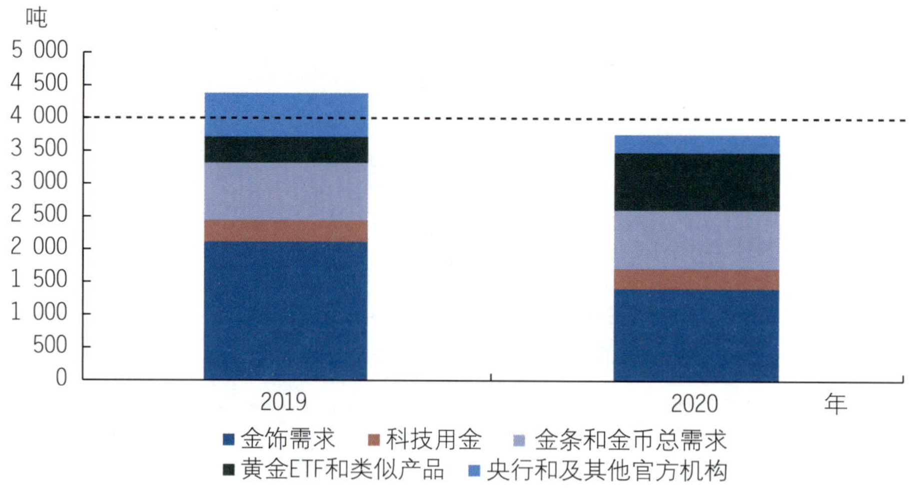

注：截至2020年12月31日的数据。2020年的年度黄金需求是2009年以来的最低水平（3 675.5吨）。有关黄金市场领域的说明，请参阅https://www.gold.org/goldhub/data/gold-supply-and-demand-statistics。

图5.1　2020年的年度黄金需求降至4 000吨以下，为11年来最低

（资料来源：Metals Focus，世界黄金协会）

全年亮点

★ 在强劲的投资需求支撑下，美元金价上年涨幅达25%。在以大多数货币计价的黄金价格于8月创下历史新高后，伦敦金（LBMA）午盘价在11月底跌至1 762.55美元/盎司，但随后又以1 887.6美元/盎司的水平平稳收官2020年。

★ 全球黄金ETF流入量创下877.1吨（约合479亿美元）的年度纪录。2020年，全球黄金ETF持仓连续10个月实现增长，其主要驱动可能在于全球高不确定性和宽松货币政策。但或在一定程度上受到投资者风险偏好抬升以及金价下跌的影响，第四季度的黄金ETF出现了130吨的净流出。

★ 第四季度金条和金币需求增长10%。2020年下半年中国和印度市场的金条和金币销售显著复苏，且西方市场的需求也持续走强，全年的金条和金币需求量升至896.1吨，增幅为3%。

★ 2020年全球金饰需求创下历史新低。尽管金饰消费在第四季度出现回升，但其仍难以抵消疫情造成的负面影响。

★ 2020年各国央行的购金步伐大幅放缓，央行净购金量为273吨，同比下降近60%。

央行在第四季度恢复净购金，令全球官方黄金储备总量增长44.8吨，扭转了第三季度净售金6.5吨的局势。

二、黄金饰品需求

由于全球新冠肺炎疫情及其导致的市场封锁，以及经济下滑时期金价创下历史新高，2020年金饰需求降至历史最低年度水平。①

★ 年度金饰总需求下降至1 411.6吨，是年度数据系列中最低的一年，同比下降了34%。

★ 印度和中国这两个最大的黄金市场是年度下滑的主要因素。

注：截至2020年12月31日的数据。金饰价值是通过将吨数乘以美元计算的伦敦金银市场协会年均黄金下午价格得出的。有关金饰需求的说明，请参阅https://www.gold.org/goldhub/data/gold-supply-and-demand-statistics。

图5.2　新冠肺炎疫情使2020年的金饰需求遭受重创

（资料来源：Metals Focus，Refinitiv GFMS，ICE基准管理，世界黄金协会）

① 黄金需求趋势的年度数据系列可追溯到1995年，本书的季度数据系列始于2000年第一季度。本书这里所称的年度或季度黄金需求的创纪录水平是与其相同期限数据系列有关的。有关黄金ETF的数据始于2003年。

（一）中国

传统上，第四季度一直是中国黄金需求的旺季，但2020年第四季度需求为145.1吨，同比下降10%。[①]全年金饰需求是2009年以来最低的水平。

整个2020年，中国的金饰市场受到两个方面的打击。一方面，新冠肺炎疫情在第一季度造成的经济损失和对社会活动的限制给予了年度金饰需求不可磨灭的伤痕。另一方面，结构性变化，包括零售商减轻库存、行业整合总体上减少了珠宝零售商的销售点、年轻消费者对轻量化产品的偏好持续转变等，也在一定程度上削弱了金饰需求。

古法金产品在最后一个季度表现优于其他类别，并在2020年整体表现强劲。凭借其精湛的工艺以及包含的传统文化元素，这些产品越来越受欢迎，特别是在收入受疫情影响较小的高端消费者中。

2020年，设计时尚的轻量硬足金饰品在中国金饰市场仍然占据着重要地位。在某种程度上，经济放缓对这些产品的受欢迎程度产生了相对积极的影响；由于它们比传统产品更便宜、更时尚，因此能够保持对消费者的吸引力，尤其是对于预算有限的年轻消费者。此外，在2020年的经济困难时期，为了降低资金成本，许多金饰商将库存调整为更轻的硬足金产品。

展望2021年，实地调查表明，中国主要金饰商在看到近几个月强劲的销售后对未来持乐观态度。主要原因如下：

★ 预期中国经济将保持强劲势头，从而使消费者的可支配收入出现更快增长。

★ 中国决策者将刺激国内消费作为未来几年经济发展的战略基点。

★ 2020年行业整合将淘汰品牌价值低、现金流出现问题的金饰商，帮助行业处于更健康的状态。

★ 业内人士普遍认为，新冠肺炎疫情在中国仍将得到很好的控制。

（二）印度

2020年印度黄金需求下降42%至315.9吨，创下新低。第四季度同比降幅大幅收窄，需

① 第四季度的“十一”黄金周是传统的结婚旺季，也是黄金产品销售的旺季，有的消费者购买黄金以赠送礼物，有的消费者在一年中最重要的春节前购买黄金以期好运和自我奖励。

求较上年同期仅下降8%，为137.3吨，环比显著改善。

随着9月封锁限制的放松以及新冠肺炎疫情每日确诊数量稳步下降，第四季度印度国内经济出现了一些积极的复苏信号。伴随着印度黄金价格的急剧回调，其金饰需求出现季度回升。

2020年第四季度，黄金平均价格为50 195印度卢比/10克，比上年同比高出32%，但环比下降了2%，比8月初以来的历史最高价56 000印度卢比/10克低了约10%。在12月的大部分时间里，当地金价回调至50 000印度卢比/10克的关键心理水平以下，刺激了消费者的逢低买入行为和被压抑的需求。

尽管从历史上看，这一时期的金饰需求仍比较疲软，但第四季度的节日和婚礼仍刺激了金饰需求的传统性季节性增长。随着10月16日Adhik Maas的结束，在九夜节期间交易量出现上升。①在排灯节首日（被认为是重要的黄金购买节庆），客流量和金饰的销量进一步提高，超出了当地业界的预期。②

从2020年早些时候推迟到第四季度举行的婚礼释放了被压制的金饰购买需求。但是，随着金价的上涨，消费者更倾向于以金换金的方式购买结婚金饰。

强劲的农村需求也为季度复苏助了一臂之力。第四季度有利的季风气候提升了农村需求，降雨量比长期平均水平高出9%。此外，相对较低的新冠肺炎疫情感染率、较高的农作物最低支持价格以及预期秋季较高的粮食产量（同比增长0.8%）也推动了农村经济的发展。③ 经济活动更加依赖农业和相关活动的二线、三线城市的金饰零售商报告称，2020年第四季度的金饰销量有所增长。

---

① 九夜节（Navratri）是印度教的一个节日，历时9个晚上，是庆祝正义战胜邪恶的标志。印度在2020年10月17日至25日举行了排灯节庆祝活动。这是一个很受欢迎的购买金饰的场合。Adhik Maas是印度日历上每32.5个月出现一个额外的月，人们认为在这个月购买金饰是不吉利的。2020年，Adhik Maas从9月17日持续到10月16日结束。

② Dhanteras是排灯节的第一天，是印度教日历中最重要的节日之一，也是传统的购买黄金的节日。

③ 印度有两个主要收割季：秋收作物（Kharif）和冬收作物（Rabi）收割季。秋收作物是在夏季的雨季（从7月第一次降雨时开始）播种，在冬季收割。冬收作物是在冬季播种，春季收割。

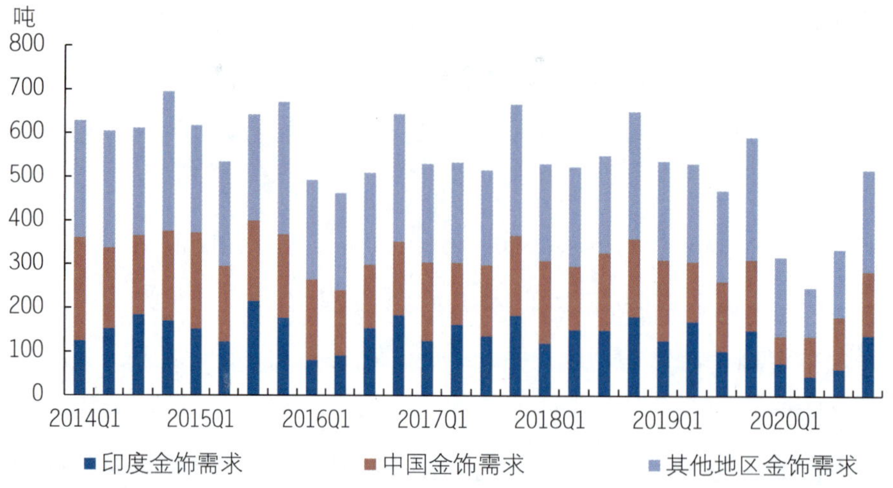

注：截至2020年12月31日的数据。有关金饰需求的说明，请参阅https://www.gold.org/goldhub/data/gold-supply-and-demand-statistics。

图5.3 印度和中国的金饰需求出现下滑，但其降幅在第四季度有所收窄

（资料来源：Metals Focus，世界黄金协会）

（三）中东与土耳其

2020年，中东与土耳其的金饰需求下降了约30%，降至最低年度水平。土耳其是为数不多的第四季度金饰需求未出现明显环比增长的少数市场之一。6.8吨的金饰需求比第三季度增长3%，但同比下降25%。8月至11月初，土耳其里拉大幅贬值，将当地价格推至历史高点的540里拉/克，比年初上涨了约86%，金饰的需求因此受到抑制。

中东市场的年度需求出现两位数的下降。随着新冠肺炎疫情对经济产生的影响以及金价高企继续对需求造成压力，第四季度的年度需求出现了较大幅度的同比下降。第四季度，阿联酋的金饰需求同比下降20%，但环比增长80%，这是由于旅游需求出现了一定程度上的回升，同时因为黄金价格下跌，人们在节日期间购买量增多。由于对金饰征收增值税的持续影响，沙特阿拉伯在第四季度出现了最大幅度的同比下降（降幅为26%）。

（四）西方国家

2020年，美国全年的金饰需求总量为118.2吨，同比下降10%，这一下降是由于新冠肺炎疫情对消费者收入和情绪的影响造成的。第四季度需求为48.7吨，相对强劲，同比仅下降1%，这是因为前几个季度被压抑的需求得到释放，以及人们的支出从旅行和外出就餐中出现转移。对金饰价值的评估显示，美国第四季度的情况更为乐观，金价高企推动其金饰需求跃升至29亿美元，创下季度水平的新高。由于疫情期间不同来源的数据存在不同程度的不确定性，因此美国未来的需求数据可能比正常情况下的修正幅度更大。

在过去的8年中，欧洲平均金饰需求为75吨，由于新冠肺炎疫情造成的混乱，这一需求在2020年下降了约21%，降至56.7吨。婚礼、命名仪式（如洗礼仪式）和类似事件的取消对此产生了重大影响。

（五）亚洲其他地区

2020年，亚洲较小市场的金饰需求无一例外地都远低于2019年的水平，第三和第四季度普遍出现了季度复苏，但幅度不足以扭转上半年的疲软。

泰国和印度尼西亚的降幅最为明显，2020年的金饰需求仅为2019年水平的一半左右。当地金价居高不下，刺激了泰国消费者出售手中的黄金，再加上疫情对经济的影响，造成了其金饰需求的下降。日本和韩国的金饰需求同比下降幅度最小，分别为19%和16%。

三、黄金投资需求

全球投资需求增长40%，达到创纪录的1 773.2吨。

★ 2020年，全球黄金ETF持仓量增加了877.1吨，年末持仓量达到创纪录的3 751.5吨。

★ 由于美元黄金价格在11月急剧下跌，第四季度全球黄金ETF出现130吨的净流出，主要集中在11月（流出108.7吨）。

★ 金条和金币投资达到896.1吨，同比增长3%，增长主要源于下半年。

（一）黄金ETF

尽管在第四季度出现130吨的资金流出，但在2020年，黄金ETF的年度流入达到了创纪录的877.1吨（约合479亿美元）。2020年底全球黄金ETF持仓量为3 751.5吨（约合2 282亿美元）。①

在2020年的前9个月，黄金ETF持续强劲的资金流入主要是由于新冠肺炎疫情的暴发和扩散，以及各个国家、地区财政和货币政策的推动。在此期间，全球黄金ETF总持仓创纪录地增加了1 007吨。

相比之下，随着市场情绪的转变，第四季度出现130吨的净流出，黄金价格也出现大幅回调。第四季度开局良好，10月是连续第11个月出现增长（尽管增速有所放缓，流入量为18.8吨），全球黄金ETF持仓量超过3 900吨，创历史新高。但11月出现了急剧逆转，流出108.7吨，随后12月有所缓和，流出量为40.1吨。备受期待的美国大选结束消除了市场不确定性的一个关键因素，使部分投资者撤出黄金ETF。新冠疫苗取得成功的消息提振了市场人气以及风险偏好，促使投资者转向诸如股票之类的高风险资产，从而将一些地区的股票市场推向了历史新高。

在这种更为积极的情绪下，随着投资者减少对冲并增加了风险资产敞口，第四季度所有地区的黄金ETF都出现了资金流出。在北美和欧洲上市的基金是流出资金的主要来源，这与它们的规模和流动性是匹配的。第四季度，它们的持有量分别减少了86.1吨和34.7吨。在亚洲上市的基金减少了4.7吨，其他地区上市的基金流出总量为4.4吨。

全年黄金ETF持仓量的增长，也反映出中国和印度投资者兴趣的显著增加。印度黄金ETF的流入量几乎翻了一番，从2019年底的14.8吨增加到2020年底的28.3吨。

与此同时，中国的黄金ETF市场也在扩容。随着国内投资者对黄金ETF的兴趣日益增加，2020年，中国推出了7只新的黄金ETF。第二季度推出的3只新基金中，至少90%的持仓投资于上海黄金交易所Au99.99实物黄金合约；下半年另外推出的4只基金中，至少有90%的持仓投资于“上海金”集中定价合约。

① 本书同时以盎司/吨数和美元来计算黄金ETF流量，因为这两项指标均与准确了解黄金ETF表现息息相关。吨位变化可直接反映持仓水平的波动，而流量的美元价值则为金融行业标准，能够展示投向黄金ETF的资金规模。在某些月份，就不同地区观察，文中以黄金吨数计算的流量与其美元价值的比例似乎并不一致。但实际上，两项数字均无误。差异是月内黄金价格表现、美元走势和流动时点之间相互作用的结果。例如，欧洲在月初黄金价格较低的时候经历了资金流出，但在月末黄金价格上涨的时候资产规模又有所增加。又或者，欧元/美元汇率在基金有流量的时候大幅变动，也可能造成吨数变动与美元流量的不同。

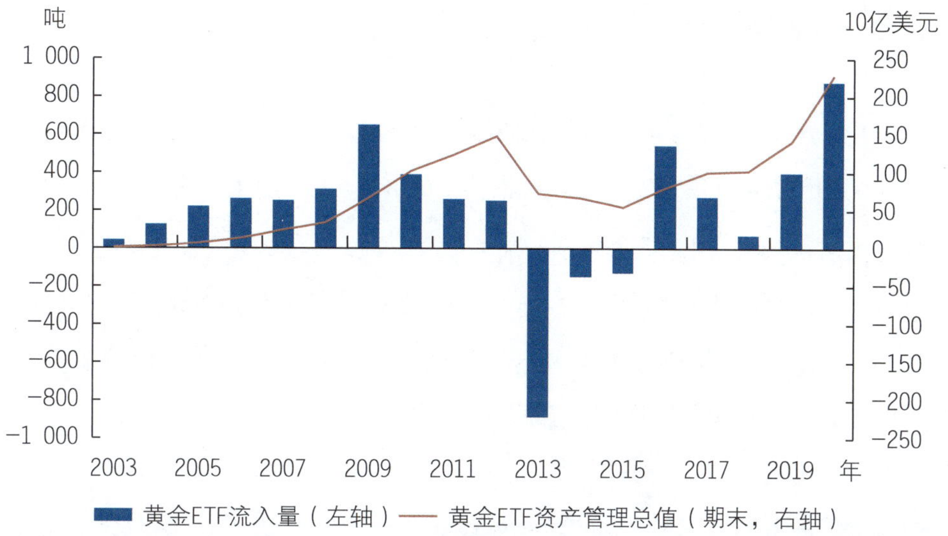

注：截至2020年12月31日的数据。黄金ETF的A资产管理规模总值是通过将期末（EoP）黄金持有量（吨）乘以期末以美元计算的伦敦金银市场协会年均黄金下午价格来计算的。有关交易所交易基金和类似产品的清单，请参阅https://www.gold.org/goldhub/data/gold-supply-and-demand-statistics。

图5.4 全球创纪录的黄金ETF流入使其资产管理规模达到2 280亿美元

（资料来源：彭博社，公司文件，ICE基准管理，世界黄金协会）

从全球基金持有量的区域细分来看，2020年，北美上市基金占全球基金持有量的比例有所增加，从2019年底的50%增长到年底的53%（2 003.1吨）。与此同时，欧洲上市基金所占份额从46%下降至42%。在亚洲和其他地区上市的基金分别占总数的3%和2%。

全年强劲的场外交易活动也为黄金需求提供了支持，再加上黄金ETF的强劲流入和西方旺盛的黄金零售需求，在很大程度上说明了在黄金消费（尤其是金饰）明显疲软之时黄金价格走强的原因。从上年与黄金市场中介机构进行的多次对话中，可以观察到场外交易的强劲需求。由于缺乏可用数据，无法直接获取通过场外交易的黄金需求，但通过查看黄金需求统计数据中“黄金供需平衡”一表中所显示的供需失衡，以及美国商品期货交易委员会（CFTC）关于美国期货市场的净多头头寸，可以推断出2020年的市场活跃度。尽管期货合约并不总能带来实物交割，但分析表明，投资者的期货行为是场外交易活动的良好指标。

进入2021年，预计许多驱动黄金需求的潜在因素仍将存在，特别是超低利率、财政刺激措施、过高的股票估值以及新冠肺炎疫情的持续影响。

（二）金条与金币

金条与金币需求是第四季度黄金市场唯一实现同比显著增长的领域：黄金的零售投资增长了10%，达到268.7吨。但是，全年同比变化并不大。与本已经比较疲弱的2019年相比，896.1吨的需求仅比上年同期增长了3%。

迄今为止，官方金币需求是2020年全年零售投资中表现最强劲的部分，达到了创纪录的297.6吨。这比之前2013年创下的271吨的纪录还高出10%，当年金价急剧下跌，引发了个人投资者的空前关注，其利用金价下跌的机会增持了其长期黄金投资。2020年官方金币零售投资的增长在很大程度上可归因于西方市场持续强劲的投资兴趣。

金币年需求增长了33%，与金条年需求下降9%至529.5吨形成鲜明对比。金条需求的下跌仅集中在上半年，主要是由于新冠肺炎疫情的严重影响，亚洲市场投资者出售其持有金条的结果。

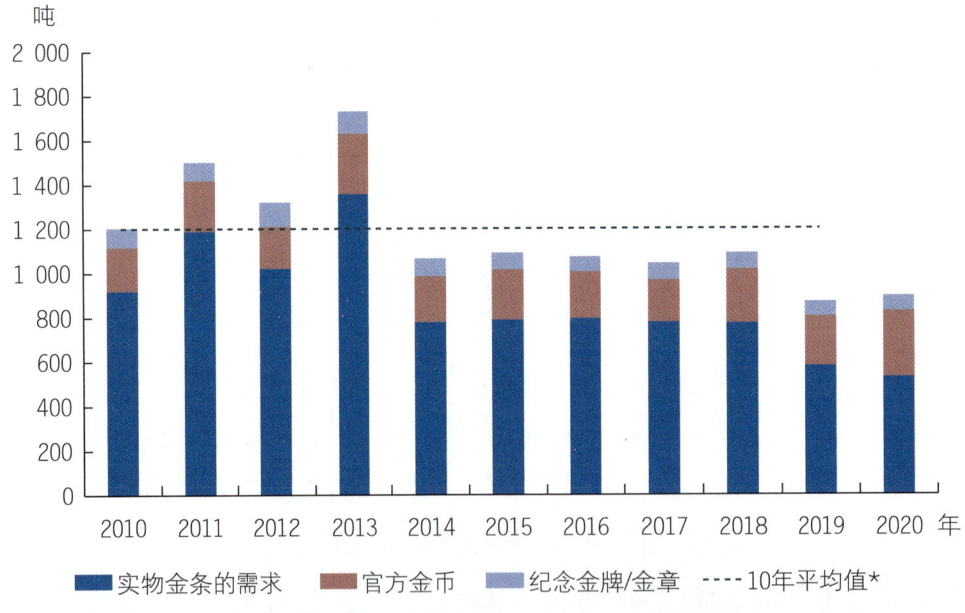

注：2010—2019年（含）的年平均金条和金币需求量。截至2020年12月31日的数据。有关金条和金币总需求的说明，请参阅https://www.gold.org/goldhub/data/gold-supply-and-demand-statistics。

图5.5　2020年的金条和金币需求相对稳定，但仍低于其长期平均水平

（资料来源：Metals Focus，Refinitiv GFMS，世界黄金协会）

2020年下半年中国的金条与金币需求出现强劲复苏，第四季度需求同比增长33%至63.6吨。但这还不足以弥补2020年上半年因疫情造成的疲软。当地的年度零售投资为199.1吨，比2019年211.1吨的水平低了6%。

最后一个季度，中国对金条与金币需求的复苏势头得到进一步的延续。随着国内经济的持续改善，消费者可支配收入——中国金条与金币需求的主要驱动力，也延续了前几个季度的增长。另外，金币销售也受益于传统的第四季度季节性增长，因为消费者倾向于在春节前购买一些生肖金币，以祈求好运或送礼使用。

在第一季度，新冠肺炎疫情的暴发以及相关的社会和经济活动限制导致中国金条与金币需求空前疲软。但是，随着疫情迅速得到控制，中国的股票市场和实际收益率随后飙升，将许多个人投资者的注意力从黄金上吸引过去。根据中国证券投资基金业协会的数据，2020年，中国的各类基金总规模增长了近4万亿元人民币，相当于同比增长30%。与此同时，据报道，随着当地黄金价格在8月创下历史新高并得以巩固，许多零售黄金投资者采取了观望的态度。

尽管在2020年下半年印度金条与金币需求强劲回升，但年度零售投资仅为130.4吨，是数据系列中最低的年度总投资额。上半年市场封闭极大地影响了年度总量。第四季度同比增长8%至48.9吨，原因是节日需求和当地金价从创纪录高位出现回落，为零售投资提供了支持。

11月和12月，印度零售投资需求强劲。尽管排灯节刺激了需求，但销售额却同比略有下降，因为消费者更愿意在此时购买婚庆金饰。此外，为了避免在排灯节期间出现传统抢购现象，一些零售商决定在预订的基础上而不是在现场销售金币。11月金价回落被视为买入机会，进一步提振了金条与金币的投资。小金条（50克及以下）尤其受欢迎。此外，随着经济复苏，零售商店重新开放，第四季度人们更容易买到黄金，从而支持了对金条与金币的需求。在节日期间，在线黄金平台的销售出现了显著的增长。线上黄金投资门槛很低（低至1印度卢比），有助于克服由金价上涨造成的壁垒。一些主要数字黄金平台，如PhonePe等，在2020年排灯节开始之前的交易月份中黄金销量同比增长六倍，据paytm报告，在排灯节一周期间黄金销量同比增长了86%。

2020年，土耳其的金条与金币需求增加了一倍以上，达到121吨的历史新高。全年保持了强劲增长势头，第四季度同比增长42%，增加到28.4吨。尽管10月的销售不温不火，但由于土耳其里拉黄金价格的急剧下跌引发了逢低买盘，11月出现了健康复苏的现象。12月，随着政府为抗击新冠肺炎疫情的反复而实施宵禁政策，需求再次放缓。

第四季度，中东大部分地区的零售投资出现温和增长，这主要是因为投资者将价格下跌视为买入机会。全年，该地区的投资下降6%至57.2吨。主要原因是上半年的抛售导致的伊朗需求疲软，再加上其央行采取措施通过限制汇款上限来紧缩流动性，挤压了金币的需求。

美国金条与金币需求在第四季度出现同比大幅增长（增长248%），主要是由于2019年第四季度表现异常疲软。尽管如此，第四季度的黄金零售投资总额达到了15.6吨，比其前5年季度平均水平的12.5吨高出25%。全年零售投资达到66.4吨，比2019年增长了3倍多。2021年头几周，人们对黄金，特别是金币的兴趣再次激增，据美国造币厂报告称，1月迄今为止鹰币[①]销售量高达15.7万盎司，这是1999年以来月总量的最高水平。

2020年，欧洲的零售投资增长了67%，达到256.2吨，让人联想到全球金融危机期间的水平。第四季度需求上升了25%，达到61.8吨，因为欧元黄金价格的回落激发了整个地区的逢低买盘。尽管进一步的市场封锁扰乱了人们的日常生活，但黄金市场却能够更快地适应，从而相对平稳地继续运转——例如，一些零售商推出了在线销售和“点击收货”服务。

尽管整个欧洲都出现普遍的增长，但其中有一个国家的表现明显优于其他国家：德国重新确立了其全球黄金零售投资大国的地位，超越印度成为2020年全球第二大黄金零售投资市场，年需求达到创纪录的163.4吨。以欧元计算，相当于81亿欧元的黄金零售投资，超过了2011年52亿欧元的最高水平。德国的负利率越来越多地开始对个人的银行账户产生影响，提高了黄金作为替代性财富保护手段的吸引力。

① 数据截至2021年1月22日。

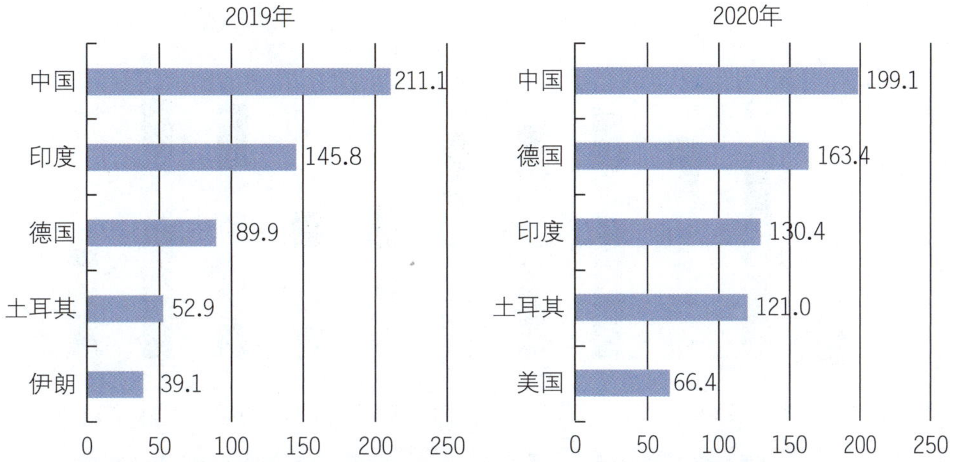

注：截至2020年12月31日的数据。所示的投资需求仅包括金条和金币的总需求。有关金条和金币总需求的说明，请参阅https://www.gold.org/goldhub/data/gold-supply-and-demand-statistics。

图5.6　更多西方国家的零售投资需求跻身全球前五

（资料来源：Metals Focus，世界黄金协会）

泰国金条与金币净投资连续第三个季度下降，尽管降幅明显低于前几个季度：第四季度金条金币净回售量为7.3吨。由于新冠肺炎疫情带来的负面影响以及金价飙升至历史高位，泰国2020年全年的净回售达到了惊人的87.3吨。然而，第四季度，金价回落吸引了一些投资者重新补充其已经大量减少的金条与金币持有量。

第四季度金价下跌是包括日本、印度尼西亚和韩国在内的几个较小的亚洲市场第四季度黄金零售投资需求出现增长的原因。然而，全年的黄金零售需求实际上几乎全线走弱，印度尼西亚是一个明显的例外，由于投资者在疫情期间转向安全的黄金，该国的金条与金币投资同比增长18%，达到16.8吨。在日本，金条与金币的售出再次超过购买，尽管程度远低于2019年。

四、央行购金

★ 2020年，各国央行黄金储备净增加273吨，这是央行连续第11年净购买。

★ 下半年出现间歇性抛售，使央行需求的情况更加复杂。

★ 第四季度各国央行购金又恢复了净买入状态，全球官方黄金储备增加了45吨。

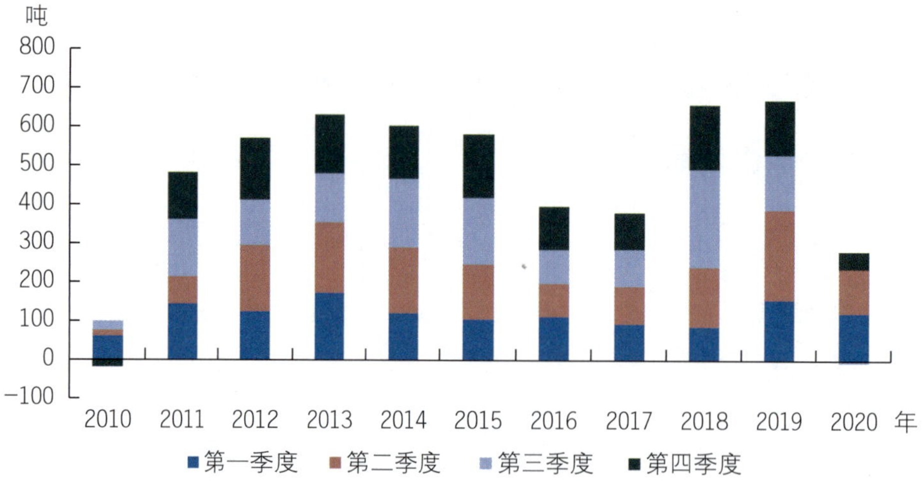

注：截至2020年12月31日的数据。有关各国央行需求的说明，请参阅以下说明和定义：https://www.gold.org/goldhub/data/gold-supply-and-demand-statistics。

图5.7　尽管步伐放缓，但各国央行在第四季度恢复净购金状态

（资料来源：Metals Focus，Refinitiv GFMS，世界黄金协会）

全球央行的购金需求在2020的上下半年截然不同：随着时间的推移需求发生了动态变化。上半年，尽管俄罗斯——2005年以来最大的黄金购买国于3月底暂停了其黄金增持计划，但全球央行长期的净买入趋势得以延续，累计买入234.6吨。但从下半年开始，总体购金活动放缓，同时售金量显著增加。这导致央行第三季度的需求自2010年第四季度后首次出现负增长，随后在第四季度又转为净购买。

在过去一年中，央行买家的数量继续超过卖家的数量，买家来自几个新兴市场国家，黄金在其外汇总储备中的占比一般比较低。①土耳其再次成为年度最大的黄金购买国，2020年其官方黄金储量增加了134.5吨。这使其黄金总储量达到了547吨（占其外汇总储量的42%）。② 2018年初以来，印度一直是黄金购买国，2020年增加了38吨黄金储备，这一数据也在过去3年中确立的30~40吨的范围之内。尽管俄罗斯只在第一季度购买了黄金，它仍是2020年全球第三大购买国，黄金储备增加了27.4吨。阿联酋（23.9吨）、卡塔尔（14.5吨）和柬埔寨（5吨）的黄金储备也增加了相对可观的规模。

① 由于发布时受可用数据的限制，因此次数据为截至2020年11月底所有国家（地区）级的数据。

② 不包括作为储备金选择权机制（ROM）政策一部分的商业银行在中央银行的黄金持有量变化。

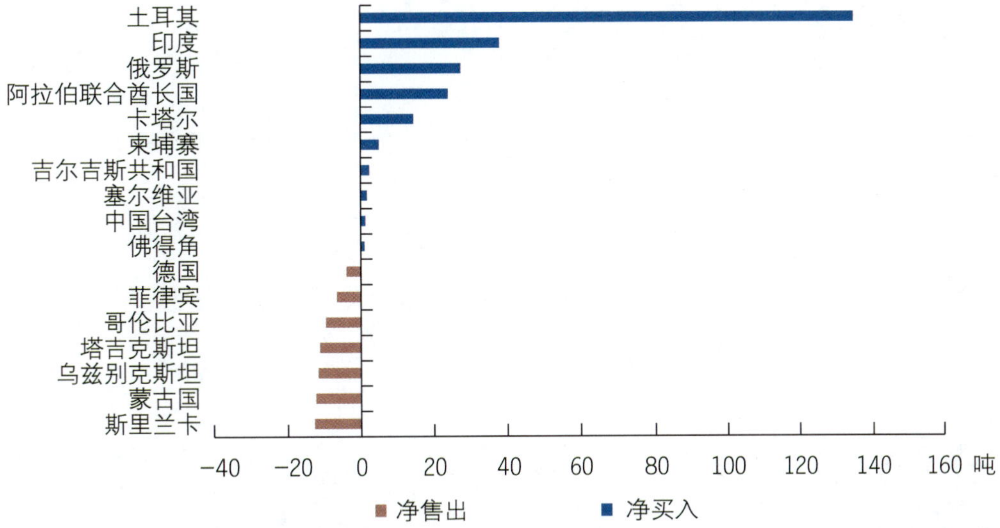

注：截至2021年1月25日的数据，仅涵盖2020年1月至2020年11月（含）期间的每吨或更多的净售出/买入的总额。有关这一数据背后的方法以及特定国家/地区的脚注，请参阅我们最新的世界官方黄金储备表，网址为https://www.gold.org/goldhub/data/monthly-central-bank-statistics。

图5.8　虽然央行（货币当局）购金步伐有所放缓，但仍高于售出量

（资料来源：国际货币基金组织IFS，各国或地区银行，世界黄金协会）

虽然土耳其是年度最大的买家，但它也是下半年最大的黄金卖家。在9月和11月进行了两次大笔售金之后，其黄金储备量净下降了36.3吨。下半年当地金条与金币的需求增加，国内商业银行与中央银行之间的交易增加，从而导致储备减少。该机制是央行管理其黄金市场的一系列黄金政策工具的一部分。

新冠肺炎疫情也导致一些央行减持其黄金储备。这主要集中在少数几个购买国国内生产黄金的央行，如蒙古国（减持12.5吨）和乌兹别克斯坦（减持11.8吨）。黄金在一年中的表现增强了其在外汇储备组合中的地位，在需要时为央行提供了更多帮助。同时，一些央行认为这是利用其黄金储备获取流动资金以支持其经济渡过难关的适当时机。

这些断断续续的售金活动使各国或地区央行在2020年底的需求情况更为复杂，对2010年以来持续买入的格局产生了小幅干扰。但是预计2021年各国或地区央行将继续净买入的趋势，尽管低于前几年的创纪录水平，但仍将保持温和增长。资本流入新兴市场的可能性，会导致外汇储备的增加，再加上持续的超低利率环境，可能促使各国或地区央行出于外汇储备多元化的目的增加黄金储备。

五、科技用金

2020年的大部分时间，与新冠肺炎疫情相关的一系列挑战抑制了科技用金的需求，但该行业在第四季度出现了复苏的迹象。

★ 科技行业全年用金需求同比下降7%至301.9吨。

★ 电子行业全年用金量下降了5%至248.1吨，其中大部分下降发生在上半年。

★ 牙科和其他工业应用中的年度黄金需求分别下降16%和15%。

（一）电子行业用金

2020年，电子行业用金需求下降5%至248.1吨。供应链受到了自上而下的冲击，许多生产设施暂停运营，以遵守当地和国家的防疫封锁规定。而消费需求的减少，尤其是大额消费的疲软，加剧了这些挑战。不过，电子行业也出现了一些积极因素。在家办公的趋势刺激了对移动办公设备，尤其是笔记本电脑的需求。这一趋势贯穿全年，并促成第四季度该领域用金需求同比2%的增长，达到69.2吨。

2020年，整个电子行业的表现也好于预期。2020年12月发布的世界半导体贸易统计报告显示，在存储器和传感器领域强劲需求的推动下，2020年全球半导体市场增长5%，预计2021年将增长8%。[①]

传统上，第四季度是LED用金需求的淡季，但是这一趋势在2020年出现了逆转，用金需求量增长了1%~4%。这是由台式机和笔记本电脑巨大的出货量以及可穿戴设备和生物医学设备的良好表现驱动的。黄金在普通照明应用中继续下降，但据报道，一些制造商正在对其设施进行改造，为农业应用提供更高的价值主张。展望2021年，越来越多对迷你LED技术的应用仍然会对黄金需求造成威胁，但其他领域（如用于智能手机和汽车领域的3D传感器）或许会提供一定支撑。

内存行业在第四季度的黄金需求保持稳定，同比增长了3%~5%。与LED行业相似，延续到第四季度的强劲表现是由台式机和笔记本电脑较高的出货量所驱动的。展望未来，

① 参阅 www.wsts.org/esraCMS/extension/media/f/WST/4820/WSTS_nr-2020_11.pdf。

中国最大的存储芯片制造商长江存储科技有限责任公司计划将其月产量翻一番，到2021年下半年，月产量预计达到10万片。① 然而，产量增加所带来的用金增长可能被其他因素抵消，如越来越小型的存储芯片架构（可能降低每单位所需的黄金用量），以及银键合线②等替代方案。

第四季度，无线行业保持强劲增长，这主要得益于持续开展的5G基础设施部署，使该行业的用金需求量同比增长2%~4%。预计在2021年，5G仍将是一个重要命题。通过实地调查收集到的行业平均预期显示，5G智能手机的出货量将从2020年的2.4亿部左右增长到2021年的5亿部左右。世界各国继续建设其5G基础设施，这将为未来几个月无线领域的黄金需求提供支持。同样，不断发展的3D传感技术也会对黄金需求起到积极影响。比如在部分自动驾驶汽车上，重型传感器控制单元很可能需要黄金作为材料来满足其可靠性的要求。

最后，印制电路板（PCB）行业可能是该季度表现最强劲的板块，用金需求量增长了4%~7%，主要得益于消费电子产品的需求复苏以及汽车行业的不断壮大。高速计算和人工智能应用也对这种需求的增长提供了支撑。

2020年，全球4个主要电子产品制造中心的用金需求均出现下降：日本同比下降3%，中国内地和香港同比下降7%，韩国下降1%，美国下降5%。中国台湾是唯一出现正增长的地区，同比增长4%。

（二）其他工业与牙科行业

第四季度，牙科用金需求再次下降，同比下降8%至2.9吨，而其他工业应用同比下降4%至11.8吨。但是，黄金在新冠肺炎疫情诊断工具的开发中继续发挥着关键的作用。快速的抗原和抗体测试均依赖黄金纳米颗粒。尽管这一类型的用金需求在数据中并不是决定性的，但黄金却是这些检测中不可替代的组成部分，每月生产的数以亿计的检测装置中都含有黄金。

① 参阅 asia.nikkei.com/Business/China-tech/China-s-top-maker-of-memory-chips-plans-to-double-output-in-2021。

② 银键合线广泛用于电子行业；在某些应用中，它是黄金的低成本替代品。但是，它在抗腐蚀性能和高电阻率等技术方面存在着缺点，不适合许多高端应用。

六、供应

2020年黄金总供应量同比下降4%，较高的回收金供应略微抵消了金矿产量的下降和净套保减持。

★ 2020年总供应量下降4%至4 633吨，这是2017年以来的首次年度同比下降。

★ 主要由于新冠肺炎疫情相关的干扰，年度金矿产量同比下降4%至3 401吨。

★ 尽管金价创历史新高，但全年的回收金供应量同比仅增长了1%。

（一）金矿产量

2020年第四季度的金矿产量同比下降3%至896.3吨。2020年，全球金矿产量为3 400.8吨，同比下降4%。这是产量连续第二年下降，也是1975年以来首次连续两年出现下降，尽管原因截然不同。

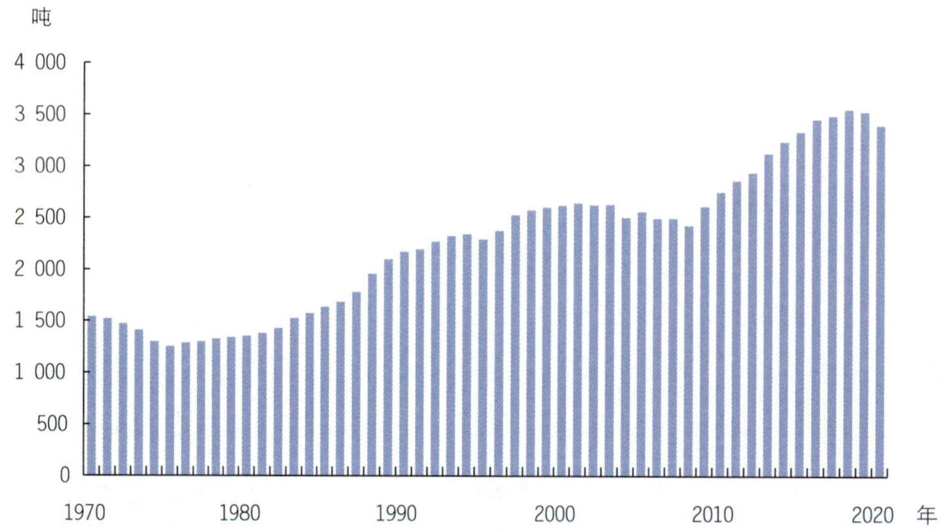

注：截至2020年12月31日的数据。有关全球金矿产量的说明，请参阅https://www.gold.org/goldhub/data/gold-supply-and-demand-statistics。

图5.9　新冠肺炎疫情引起的扰动使全球金矿产量降至五年来的最低水平

（资料来源：Metals Focus，Refinitiv GFMS，世界黄金协会）

2020年，新冠肺炎疫情的干扰与其他因素一起影响了金矿的生产。从区域来看，亚洲的金矿生产在第一季度受到的打击最大，独立国家联合体（CIS）地区的产量也受到了冲击，尽管对后者而言，其产量下降可能也受到了与气候相关的季节性影响。[①]第二季度，疫情对非洲和美洲金矿生产的打击最为严重，大洋洲的产量全年都出现下降，但只有部分原因与疫情有关。

在单个国家（地区）层面，以下区域产量降幅最大：秘鲁金矿产量的年度跌幅最高，其产量为98吨（下降40吨，降幅28%），其次是巴布亚新几内亚（产量为53吨，下降20吨，降幅27%），阿根廷（产量为44吨，下降9吨，降幅18%）以及智利（产量为32吨，下降6吨，降幅15%）；其他许多国家的产量也出现同比下降。一些国家因新投产金矿和棕地扩建的原因逆转了产量的下降：土耳其（产量为45吨，增长8吨，涨幅21%），布基纳法索（产量为74吨，增长12吨，涨幅19%），哈萨克斯坦（产量为82吨，增长5吨，涨幅7%）以及俄罗斯（产量为341吨，增长11吨，涨幅3%）。

第四季度，新冠肺炎疫情产生的影响较小。尽管疫情造成的干扰有所缓解（该季度的产量降幅约占全年金矿产量下降幅度的四分之一），但其他因素也对金矿生产产生了影响。4月25日Porgera金矿停止运营，之后政府决定不再续签采矿租约，造成巴布亚新几内亚的金矿产量同比下降了34%；[②]由于几家大型生产商金矿品级下降，澳大利亚产量同比下降了9%；由于中国继续实施更严格的环境标准，并且其金矿行业的整合仍在持续，使该地区产量同比下降了4%。只有在产量同比下降13%的秘鲁，新冠肺炎疫情是造成下降的主要因素。

第四季度的金矿生产并不都是坏消息，有一些国家的产量在该季度出现了增长。厄瓜多尔报告称，由于Fruta Del Norte金矿在2020年第一季度实现了商业化生产，其产量增加了65%；土耳其在该领域进行了大量投资，使金矿产量同比增长了43%；而在布基纳法索，3月Sanbrado项目出产了第一批黄金，Wahgnion项目正在进行产能提升，这使该国金矿产量出现了12%的同比增长；俄罗斯的产量同比增长了4%，这要归功于Taborny等现有金矿的进一步扩张，以及Gross等其他金矿产品品级的提升。

---

① 独立国家联合体包括亚美尼亚、阿塞拜疆、白俄罗斯、哈萨克斯坦、吉尔吉斯斯坦、摩尔多瓦、俄罗斯、塔吉克斯坦和乌兹别克斯坦。

② 参阅 https：//www.mining.com/papua-new-guinea-lashes-out-at-barrick-for-halting-porgera/。

预计2021年，新冠肺炎疫情对金矿生产的干扰将进一步减小，从而消除2020年对金矿生产潜在的不利影响。这可能受益于印度尼西亚Grasberg金矿产量恢复增长，而在2019年，该矿产量下降是全球黄金供应下降的很大原因。随着向地下作业的过渡，预计该矿产量会有所增加。①

（二）生产商净套保

第四季度，生厂商净套保量为39.7吨。这主要是由于期权到期和现有对冲的平仓，本书认为这些仓位并没有被取代。第一季度的净套保总额为34.7吨，但这不足以抵消随后3个季度的减持，全年全球金矿生产商的净套保量减少了65.1吨。最新的估计数字显示，截至第三季度末，全球矿商净套保量为199.2吨。

对冲减持的同时，金价也升至创纪录的高位。2020年，以每种货币衡量的黄金价格均达到历史新高，年度平均美元金价则增长了25%，是2010年以来的最大涨幅。许多地区的本地金价涨幅甚至更大，尤其是以主要生产国货币计算的金价。

面对创纪录的黄金高价，生产商对冲减持的做法似乎违反人们的直觉反应。2020年令人印象深刻的金价上涨本应使套期保值更具吸引力，即使超低利率抑制了远期相对于现货的溢价。但是相反，矿商们似乎更满足于对即将到期的合约进行交割并采取了观望的态度。在对未来的金矿产量作出承诺之前，他们希望再看一看金价是否会进一步上涨。

（三）回收金

在第四季度，回收金的总量同比下降了1%至328.6吨。这使回收金的年供应量达到1 297.4吨，为2012年以来的最高水平。尽管2020年金价出现急剧上涨，但同比增幅仅为1%。

① 参阅https://investors.fcx.com/investors/news-releases/news-release-details/2020/Freeport-McMoRan-Reports-Third-Quarter-and-Nine-Month-2020-Results/default.aspx。

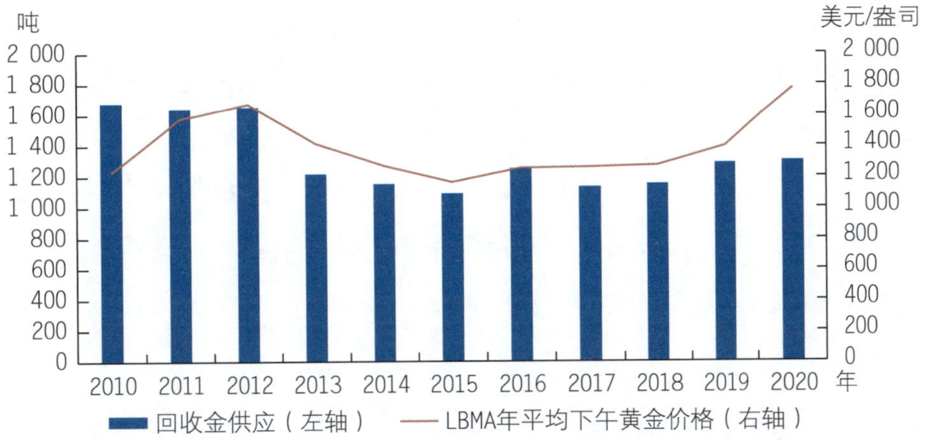

注：截至2020年12月31日的数据。有关全球回收金的解释，请参阅https://www.gold.org/goldhub/data/gold-supply-and-demand-statistics。

图5.10　尽管金价上涨，但全球2020年的回收金供应仅上升1%

（资料来源：ICE基准管理，Metals Focus，Refinitiv GFMS，世界黄金协会）

尽管金价大幅上涨，但全球的回收金供应量仅有少量增加。金价水平及其变动通常是影响回收金供应的主要因素。因此，鉴于几乎以所有主要货币计价的黄金价格均升至历史高点，2020年回收金的供应增加就比较容易理解了，但令人惊讶的是增长的幅度仅比上年高出1%。

2020年上半年，由于新冠肺炎疫情导致的市场封锁，消费者难以进入零售店，这也是第二季度回收金供应出现下降的主要原因。但是，尽管下半年封锁总体上有所缓解，但第三季度7%的同比涨幅并没有在第四季度重现。相反，该季度的回收金供应量同比下降2%至328.6吨。

具体到各国市场而言，印度本地较高的黄金价格意味着，与其直接出售黄金，消费者宁愿以持有的黄金来充当结婚礼物。此外，经济活动的改善和经济的逐步复苏减少了消费者在第四季度抛售黄金的需求。2020年一个值得注意的主题是，印度消费者正在使用黄金贷款而不是出售黄金的方式来满足他们的融资需求。此外，2020年印度农村经济的强劲表现也降低了其出售黄金的需求。

中国的黄金回收活动在第四季度依然旺盛，环比增长9%。这一趋势的主要驱动因素是相对较高的金价和金饰零售商在2020年减轻库存压力。2020年，中国的黄金回收量同比增长12%，因为当地黄金价格上涨了14%，促使许多消费者出售其黄金产品以获取利润或换取流动资金。[①]一些财务状况和品牌价值不佳的零售商关闭门店或退出市场，进一步提高了回收金的数量。

在其他地区，由于经济疲弱，2020年泰国的黄金回收增长强劲，但随着经济开始复苏，第四季度的回收活动大幅放缓。而在伊朗，由于经济制裁和疫情原因引发了进一步的抛售，使伊朗的回收金出现持续强劲增长。

① 基于上海黄金交易所的Au99.99合约收盘价计算。

Chapter 1

Shanghai Gold Exchange Market

[Written by Shanghai Gold Exchange]

In 2020, under the leadership of the People's Bank of China (PBC), the Shanghai Gold Exchange (SGE) implemented effective containment measures for Corona Virus Disease 2019 (COVID−19), continued to promote business development, and maintained well-functioning market operations including safe and efficient clearing and delivery processes. Trading volume continued to rise, along with SGE's enhanced market functions, as SGE is now the world's third largest exchange market for both gold and silver by trading volume.

I. SGE Gold Market

(I) Overview

1. Trading summary

In 2020, total turnover reached ¥43.32 trillion, a 50.66% increase from 2019. In particular, gold trading dropped 14.44% year-on-year (YoY) by volume to 58 700 metric tons (mt) but rose 4.91% by turnover to ¥22.55 trillion. Silver trading surged to 4 214 700 mt (+136.78% YoY) and ¥20.75 trillion (+186.19% YoY). Platinum trading registered 84.32 mt (+97.15% YoY) and ¥16.483 billion (+91.42% YoY). SGE's international board market (International Board, IB) saw a turnover of ¥8.26 trillion (+125.24% YoY) in 2020, contributed by 8 028.83 mt of gold trading (−2.07%

YoY) valued at ¥3.05 trillion (+16.54% YoY) and 1.046 million mt of silver trading (+316.95% YoY) valued at ¥5.21 trillion (+395.33% YoY).

In 2020, in the gold price matching market, total volume declined1.47% compared with the year before, to 26 700 mt; turnover increased 20.63%to ¥10.24 trillion. In particular, gold physical and spot contracts accounted for 3 480.84 mt (−33.24% YoY); deferred contracts accounted for 23 200 mt (+6.12% YoY).

In the gold price asking market, total volume was 31 000 mt, a decrease of 23.11% YoY; turnover dropped 5.67% YoY to ¥11.93 trillion.The number of participants of the interbank price asking market increased to 79.

In the gold benchmark price trading market, 486 sessionsand of 1 002 rounds of trading were held, averaging 2.06 rounds per session. Total volume was 986.65 mt, equaling 4.06 mt per day on average and a decrease of 15.60% YoY. Total turnover was ¥385.429 billion, averaging ¥1.586 billion per day and up by 6.35% YoY. A total of 29 SGE members and 36 institutional customers took part in Shanghai Gold benchmark price trading.

2. Funds settlement

SGE cleared ¥4 532.4 billion of trades in 2020, averaging ¥18.7 billion per day and increasing 21.59% YoY. In particular, ¥3 473.5 billion (+26.23% YoY) were attributed to members' proprietary trades; ¥1 058.9 billion (+8.52%) were for brokerage trades.

3. Physical delivery

In 2020, SGE's Main Board load-in volume totaled 4 107.95 mt (−5.52% YoY), comprising 1 280.64 mt of gold (−28.00% YoY).The Main Board load-out volume was 3 353.27 mt (+12.69% YoY), comprising 1 205.33 mt of gold (−26.59%).

(II) Market Features

1. International gold price hit a record high, finishing 20% higher over the year

COVID–19 which broke out at the beginning of 2020 dealt a major blow to the global economy, sending both the stock and commodity markets plummeting. The liquidity shortage also diffused to the precious metal market and brought the international spot gold price to as low as \$1 451.13/ozt. In March, the U.S. Federal Reserve adopted open-ended quantitative easing policies which eased the global liquidity worries. Low real interest rate and inflation expectation then combined to create a sharp rebound in spot gold price. In early August, international and domestic prices reached a historical high of \$2 075.14/ozt and ¥449.00/g, respectively. Gold price then fell gradually in Q4 in response to the promising progress on vaccine development and lowering market uncertainties. International spot gold price finished the year at \$1 897.53/ozt, up by \$380.35/ozt (25.07%) from the end of 2019. In the domestic market, SGE Au99.99 contract opened at ¥341.95/g and closed at ¥390.00/g for the year, an increase of 14.44%, with highest and lowest prices at ¥449.00/g and ¥327.60/g, with a 35.62% variance.

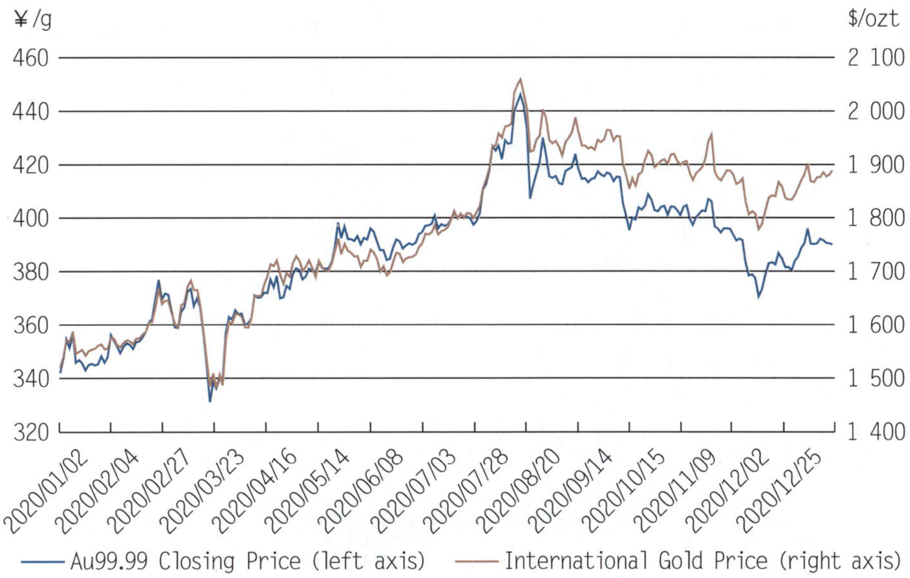

Figure 1.1 Domestic and Int'l Gold Price Trend in 2020

2. Narrowing domestic-international spread in gold and silver price

The domestic-international gold spread turned negative during the pandemic and then stayed near a historic low level. Physical gold sales in China was hit by the pandemic outbreak, creating a market oversupply. This contrasted with a strong demand for gold in the international market as a result of a risk aversion sentiment and the less efficient movement of physicals. Consequently, the domestic-international price spread—a sensitive measure for supply and demand balance—decreased and eventually the domestic price was at a discount compared with the international counterpart. Specifically, the domestic-international spread had in fact maintained a steady ¥1~2/g for long periods before the pandemic; after the pandemic, it turned from positive to negative in February and hit the lowest point for the year of ¥–22.88/g on August 12. It then recovered in Q4 and stabilized at ¥–5/g at the end of the year.

The spread averaged ¥–5.77/g over the year, down by ¥8.23/g from 2019's ¥2.46/g. As it was the first time in history that such a significant negative spread was observed, SGE lowered its Deferred Fee Rate for deferred contracts, organized window guidance for market participants, and collaborated with banks' market-making teams to mitigate the risks of the negative spread and the adverse impact of this overseas extreme scenario on SGE markets. The annual average spread for silver was ¥123.82/g, a decrease of ¥156.47/g or 55.82% YoY (see Figure 1.2); that for platinum was ¥8.74/g, up by ¥0.26/g or 3.07% over the course of the year.

Figure 1.2 Domestic-Int'l Spread in Gold and Silver Prices in 2020

3. International gold markets rallied

COMEX of the CME Group continued to lead the world in gold futures volume, but its silver futures volume fell down one place to second place in the world. In 2020, its gold futures volume was 501 300 mt[①], down by 7.64% YoY; silver futures volume stood at 8 295 300 mt, up by 10.00% YoY.

Gold and silver futures volume at TOCOM went up; India's MCX also saw active gold and silver futures markets. Specifically, in 2020, TOCOM recorded 17 500 mt[②] of gold futures trade (+2.06% YoY), ranking fourth among global exchanges, though a mere 904.92mt of silver futures trade (+106.17% YoY). MCX registered 9 407.69mt[③] (+12.90% YoY) of gold futures trade, coming in fifth globally, and 788 700 mt (+77.00% YoY) of silver futures trade.

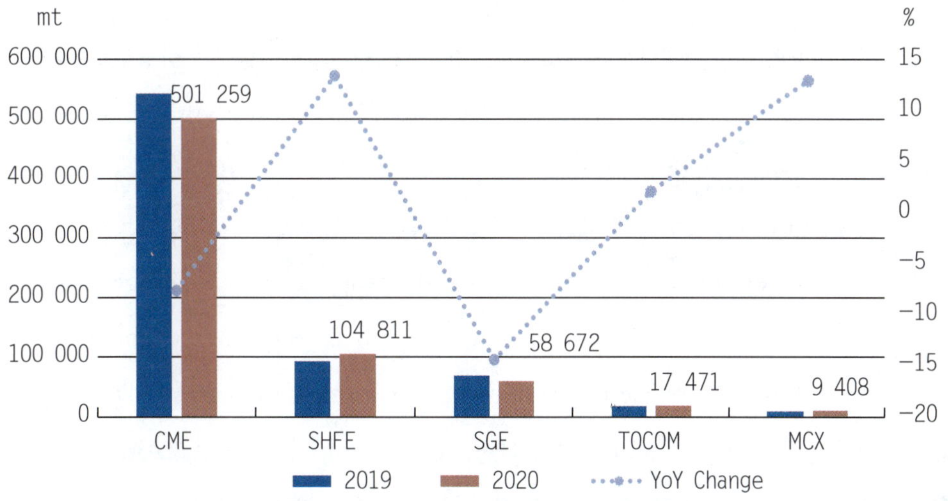

Figure 1.3 Ranking of Major International Exchanges by Gold Trading Volume

① Buy-and sell-side volume combined. Source: ftp://ftp.cmegroup.com/webmthly.

② Buy-and sell-side volume combined. Source: Bloomberg.

③ Buy-and sell-side volume combined. Source: https://www.mcxindia.com/market-data/historical-data.

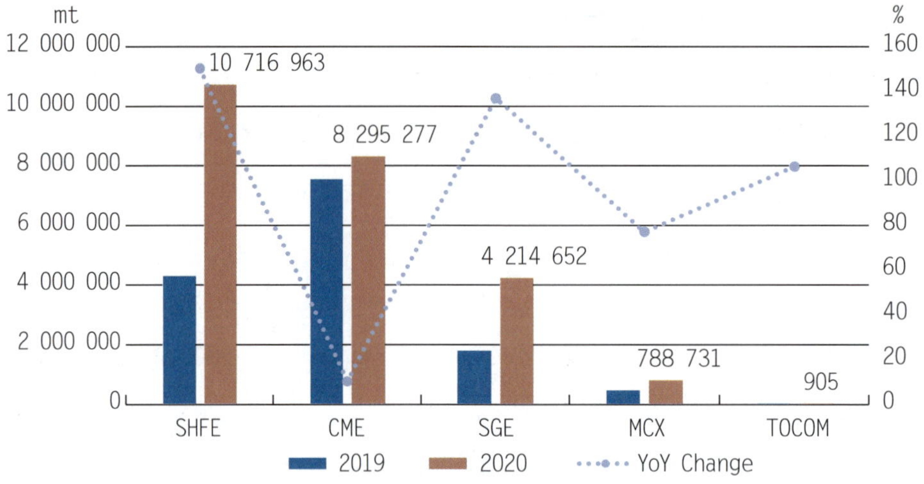

Figure 1.4 Ranking of Major International Exchanges by Silver Trading Volume

4. Investment-oriented gold trading surged as physical trading plummeted

Trading volume in the gold deferred market maintained its growth momentum thanks to a rising investment demand driven by market conditions and reduced transaction fees. By contrast, physical trading volume fell sharply due to the deflated demand for physical gold during the pandemic. The overall effect was a slight drop of trading volume in the gold price matching market. Price of Panda Gold coin products remained stable as their market functions became more apparent and market makers enhanced their quoting capabilities. In 2020, 9 680 Panda Gold coins were traded, totaling 290.40 kg or a 117.33% increase from the year before; the turnover was ¥113 million, an increase of 156.59% YoY. The deferred contract NYAuTN saw active trading activities, achieving an annual volume of 203.16 mt and turnover of ¥80.313 billion, averaging 836.03 kg and ¥331 million per day.

5. Proprietary gold tradingfell slightly due to COVID-19

In the gold price matching market, proprietary trades dropped 21.10% to 11 100 mt, but brokerage trades rose 19.63% to 15 600 mt. In particular, brokerage trades for institutional customers increased 13.60% to 7 016.84 mt and that for individual customers increased 25.05% to 8 593.00 mt.

II. Focusing on Priorities and Implementing the Decisions of the CPC Central Committee and CPC PBC Committee

In 2020, SGE assimilated the guiding principles of the Xi Jinping Thought on Socialism with Chinese Characteristics for a New Era and of the 19th Communist Party of China (CPC) National Congress and the Second, Third, Fourth and Fifth Plenary Sessions of the 19th CPC Central Committee, firmly carrying out the decisions of the CPC Central Committee and CPC PBC Committee. Taking extraordinary measures in an extraordinary year, SGE was fully committed to orienting the financial market to support the real economy, preventing and mitigating market risks, and continuing to grow its business, achieving progress on all fronts.

(I) Promoting Innovation and Enriching Trading Mechanisms

SGE continued to innovate on exchange-traded products—the latest example is the exchange-traded spot gold options, the design of which is underway and a corresponding business plan is already drafted. In 2020, SGE helped launch 3 traditional gold ETFs and the first wave of 4 Shanghai Gold-based ETFs, enabling insurance funds to enter the gold market. Innovation in the Over-the-Counter (OTC) market was not neglected either, as SGE readied the IT systems for the launch of performance-guarantee price asking products, designed derivative products that could reference the Shanghai Silver price, and continued to lay the groundwork for multilateral price asking products.

(II) Remaining Development-Oriented and Serving the Real Economy

Optimizing trading mechanisms and increasing market efficiency. SGE added a night trading session to the price asking market on the New Year’s Day of 2020, extending the overall trading time to 10.5 hours. The Exchange also set contracts that had not seen any trading activities over extended period as inactive contracts to improve market efficiency.

Lowering transaction cost, especially for members in pandemic-affected areas. SGE systematically reduced the transaction fee rate for physical, spot and deferred contracts, the Deferred Fee Rate, and the trading and position charges of investors. For Hubei-based members in particular, SGE reduced or exempted their 2020 annual membership fee, trading seat fee, trading fee, storage fee, and load-in and load-out fee to lower the operational cost of members and related institutions in the pandemic-affected area.

(III)Promoting Research-Driven Development and Strengthening the Management of the Postdoctoral Program

SGE continued to bolster the institutional framework for research programs, such as developing the *Measures for the Administration of Joint Research Studies with External Entities* to provide the institutional foundation for such programs. SGE took part and completed a number of research topics, such as "On Encouraging Insurance and Pension Funds to Enter the Gold Market," as well as the research projects assigned by the PBC and other government agencies. SGE also worked on product innovation, and monitored market trends on an ongoing basis by holding quarterly market analysis meetings and keeping abreast of the developments in domestic and overseas precious metal markets.

By amending the *Measures for the Administration of Postdoctoral Research Center*, SGE further improved the management of the in-house postdoctoral research center. It took an active part in Shanghai's "Super Postdoctoral Fellow" competition: one of its in-house postdoctoral research fellows ultimately received this prestigious award. In 2020, SGE's postdoctoral research center organized 1 postdoctoral mid-term review and 1 dissertation defense meeting, with 2 fellows successfully completed their program during the year.

Committed to promoting academic exchange, the research center held 2 online seminars, 1 thematic study meeting, and 12 internal symposiums. It also produced high-quality academic results—publishing 12 papers in major journals such as those tracked by the Chinese Social

Sciences Citation Index (CSSCI) and 3 books based on the works in SGE's Postdoctoral Paper Repository.

III. Focusing on Fundamentals and Making Breakthroughs on All Fronts

In 2020, under PBC's leadership and support, SGE continued to implement its market-oriented and international development strategy, achieving stable market operations and new milestones.

(I) Optimizing Membership Management and Strictly Preventing OTC Market Risks

SGE took an ever-tougher stance on violations—as seen in the case of Shenzhen Gold Information Group, Wuhan Jinhuang Jewelry, and Jiangxi Yiniu Spot Gold Trading, all members at the Exchange—and established the penalties of public warning and market ban. SGE also strengthened the full-lifecycle membership qualification management, which encompasses rigorous pre-admittance review, real-time risk monitoring, and post-incident penalties and time-limited correction. Moreover, SGE created a guidance period for new members, started the membership re-registration program, and held meetings, issued warnings, and revoked the membership of numerous unqualified members. The Exchange also enhanced the member risk management system; fulfilled its Anti-money Laundering (AML), counter-terrorism financing, and anti-tax evasion obligations; and duly protected investor interests. In particular, SGE launched an AML due diligence program targeting its members, submitting 4 suspicious-transaction reports to the PBC Anti-money Laundering Center and receiving PBC's commendation for AML efforts.

(II) Serving the Gold Market and Promoting Investor Education

In the area of market promotion, SGE held the Cloud Session for Gold Market at the Bund Summit to enhance its global influence; participated as an invitee in the 28th China International Financial Exhibition, setting up an online display booth for the first time; entered into agreements with the Shanghai Pudong Development Bank, Shanghai Rural Commercial Bank, PBC School of Finance at Tsinghua University and Zhengzhou University to expand the scope of strategic cooperation; and co-published the *Chinese Gold Industry's Epidemic Prevention and Anti-Epidemic Social Responsibility Report* with China Gold Association and World Gold Council.

In regard to brand promotion and public relations management, in 2020 SGE was mentioned in 69 075 news reports, including 7 682 centering on the Exchange itself. SGE completed 12 major updates to its official website, containing 21 new or enhanced back-end and front-end features, to improve the website's functionality. The Exchange also released 47 issues of 255 news articles on its WeChat account, which now has 144 000 followers.

For investor education, in collaboration with local governments, SGE members, colleges, and industry associations, SGE organized a variety of financial literacy programs including the Gold Lecture Series and "Enter the Shanghai Gold Exchange" events, and held 15 public-interest risk awareness events including the "Risk Education Season" and "Risk Education Salon." These activities attracted more than 1.5 million participants. In 2020, SGE held the National Gold Professional Examination twice for 9 000 test-takers, and waived the exam fees for candidates in Wuhan. SGE also made over revisions to the *Gold Market Fundamentals and Practices*, a preparation book for the exam, and published it in early July.

2020 SGE completed the registration and custody of 533 wealth management products. 533 wealth management products. SGE also finished Phase I of the China Gold Market Trade Repository, promoted various OTC services including gold accumulation program conversion and agency sales, and continued to build itself into a basic service platform for the OTC gold market.

(III) Improving AML System and Bolstering the Industrytoday front

In 2020, with ever-increasing sense of mission and responsibility for AML, SGE maintained alignment with the latest policy changes, duly performed its AML obligations, and continued to contribute to the AML framework for the precious metals industry.

1. Assisting regulatory functions

SGE followed up on and implemented the corrective actions proposed during FATF mutual evaluations, organized seminars and surveys on money-laundering risks in the precious metals industry, and drafted part of the *Money Laundering Risk Assessment Report of Precious Metals Industry*. All these helped regulators develop a deeper understanding of the industry's business models and risk profile, winning SGE the commendation of China's Inter-Ministerial AML Joint Conference.

2. Strengthening money-laundering risk prevention

SGE released the *Member Identification Guidelines* to bolster internal management rules. Aiming to maintain accurate information on member identity on an ongoing basis, SGE organized its members to complete the *2020 Due Diligence Questionnaire* and re-registration procedure. SGE also strengthened its investigation of money laundering risks as its business units—through daily surveillance, written inquiries, and site visits—intensified their tracking and analysis of suspicious activities. As a result, SGE made breakthroughs this year in terms of submission of suspicious transaction reports.

3. Requiring members to fulfill AML obligations

To clarify its AML rules, SGE incorporated AML requirements into its membership review program, requiring members to establish a complete AML internal control system, set up dedicated staff positions, and voluntarily fulfill their AML obligations. In addition, through membership re-registration, surveys and meetings, SGE supervised members to set up compliant AML internal protocols.

4. Increasing training and educational efforts

SGE held AML training for some 80 staff members and a dozen members in offline and online formats, completed onboarding training and examination for new employees, and continued to improve the AML competency of relevant staff members. SGE also published articles on its website and WeChat account to increase every market participant's awareness for AML compliance.

(IV) Building a More Secure and Efficient IT Infrastructure

In 2020, SGE completed and launched 14 functional systems including the High-Value Payment System (HVPS) connection system, and continued the independent development of 3 projects including the credit-based price asking trading system. The overall implementation plan for SGE's GEMS-4 trading system and the requirements and technical plans for GEMS-4 Phase I were completed, allowing the IT team to proceed with the design and coding work for GEMS-4 Phase I as scheduled. In addition, SGE stepped up the building of its disaster recovery system (comprising 3 data centers in 2 cities) and the Huaqiao Development and Testing Center. It also completed a cyberattack drill, during which its systems remained secure and stable even with peak transaction traffic volumes.

IV. International Breakthroughs

(I) International Board Market

In 2020, the COVID-19 swept across the world and ravaged the international financial market. In response, SGE, leveraging the platform provided by the Shanghai International Gold Exchange (SGEI), proactively supported the Belt and Road Initiative, implemented national policies, and promoted IB's growth. These efforts helped the IB further enhance its market functions and expand its influence in the international gold market.

1. Growing international membership and improving member structure

SGEI welcomed 13 more international members in 2020, bringing the participant base to 89 international members and 87 international customers by the end of the year. SGEI international members range from commercial banks, refining companies, trading companies, to brokers and investment firms. Along with the improved participant structure, trading volume and participation rate also increased.

2. Orderly funds clearing and cross-border funds transfers

IB provided efficient clearing services while keeping the scale and risks of cross-regional funds transfers at predictable and controllable levels. The market cleared ¥154.644 billion of trades in 2020, equaling a daily average of ¥636 million, down by 18.05% YoY. International members completed ¥112.091 billion of funds transfers, with inward and outward transfers at ¥57.743 billion and ¥54.348 billion respectively. Cross-border outflow and inflow were ¥13.395 billion and ¥12.234 billion, giving a deficit of ¥1.161 billion. By the end of 2020, IB had opened 8 Free Trade accounts and 1 overseas settlement account with 9 margin custodian banks including the Bank of China; international members had opened 200 Free Trade accounts, consisting of 100 Free Trade Accounts for Enterprises (FTEs) and 100 Free Trade Accounts for Non-Residents (FTNs). There were an additional 36 overseas accounts.

3. Improving transportation efficiency to jumpstart IB-based re-exports

SGE worked closely with the customs and other authorities to streamline customs procedures, reduce international logistics costs, and improve customs clearance efficiency, raising the efficiency of those processes to similar levels seen in major international gold markets. The launch of re-export services at IB signals that the market is fully integrating into the global market and can begin to fulfill its market functions in global gold allocation. By the end of the year, 23.26 mt of gold had been re-exported through IB.

(II) Improving Strategic Planning and International Cooperation

1. Launching Gold Ingot Re-Export Business for the “Gold Road” Program

SGE introduced innovations into transaction models and reshaped transaction processes to address the needs of domestic banks and refineries. It launched, on a pilot basis in the post-pandemic era, the support for standard gold ingot re-export. This is meant to accelerate the reboot of the domestic gold industry, link domestic and overseas spot gold markets, and help high-quality gold producers in China to go global and connect with Belt and Road regions that have a strong market demand for physical gold.

2. Building Financial Infrastructures, Promoting Overseas Use of FTs for IB Trades, and Replicating FT Services in Domestic Location

Starting with Macao China, SGE began to expand the International Board's account services to overseas regions; at the same time, a Shenzhen-based international member can now also open FTN account for gold trade settlement, becoming the first international member to trade on IB following the replication of FT account services to areas outside Shanghai. The extension of the FT account system to overseas and domestic locations has made it cheaper for international members to trade in China's gold market, improved the service capacity of domestic financial infrastructures, and provided a new approach for RMB internationalization and cross-border funds settlement under the capital account, thereby facilitating trades and investment.

3. Improving Strategic Planning, International Cooperation and Market Openness

SGE continued to seek new and enhance existing cooperation projects with major markets around the world. In 2020, the Exchange and Russia's National Finance Association signed an memorandum of understanding (MOU), agreeing to collaborate on information sharing, joint market promotion, and investor education to promote the connectivity and win-win development of the Sino-Russian precious metals markets. Additionally, SGE provided SGE market trainings to Moscow Exchange employees; maintained close contact with the CME Group on safeguarding market soundness and order, sharing product information, and furthering cooperation; and paved the road for more in-depth business meetings with relevant Indian exchanges.

4. Strengthening Domestic and Overseas Online Business Promotions amid the Pandemic

In 2020 SGE held numerous online events to promote its "Gold Road" program and other innovative business lines. Specifically, in collaboration with United Overseas Bank, Chow Tai Fook, and Thailand's MTS Gold, SGE showcased the "Gold Road" business model and discussed the emerging cross-market industry cooperation opportunities in the post-pandemic era with nearly 130 gold market professionals who represent over 40 enterprises from such countries and regions as Thailand, Singapore, Hong Kong China, and Macao China. SGE jointly held the "Shanghai-Macao Gold Road" webinar with the Bank of China Shanghai Head Office, Bank of China Macao Branch, and Macao Goldsmiths' Guild. SGE organized the "Gold Road" Import and Export of Gold Ingot Webinar, during which it talked to some 150 industry professionals from financial institutions and refineries about how to engage in bank-refinery cooperation on re-export of standard gold ingots through the International Board.

SGEI held the 2020 International Members Online Training Seminar for 154 international members and overseas institutions from 12 countries and regions to facilitate a better understanding of China's gold market, as well as active and compliant trading on the International Board.

| **Chapter** *2* |

Shanghai Futures Exchange Market

[Written by Shanghai Futures Exchange]

Under the combined effect of COVID–19 and other factors, in 2020 the global financial market saw significant volatility and the world economy had to grapple with more destabilizing forces and uncertainties than in previous years. With the guidance of the China Securities Regulatory Commission (CSRC), Shanghai Futures Exchange (SHFE) has implemented an active risk management regime,vigorously promoted market functions, and provided the real economy with specialized risk management tools. Gold futures, a key product of SHFE, saw smooth trading in 2020 and showed ample liquidity and close linkage between futures and spot prices, accurately portraying the market supply and demand dynamics. As such, the product was effective at reining in market fluctuations, contributed to pandemic prevention and control, and provided global investors with valuable information for risk pricing.

I. Overview of SHFE Gold Markets

(I) Trading

In 2020, on a single-counted basis (i.e., buy or sell side), the trading volume of SHFE gold futures hit 52 405 500 lots equaling approximately 52 400 mt of gold, up by 13.41% YoY. Turnover was ¥20.72 trillion, up by 38.16% from 2019 (Figures 1 and 2). The year's average daily trading volume was 215 700 lots valued at ¥85.261 billion. By the end of 2020, the open interest was 187 900 lots. In SHFE's gold options market, 2 347 400 lots were traded during the year, with a turnover of ¥15.626 billion. The year's average daily trading volume was 9 700 lots valued at ¥64 million. Open interest was 40 100 lots at the end of the year.

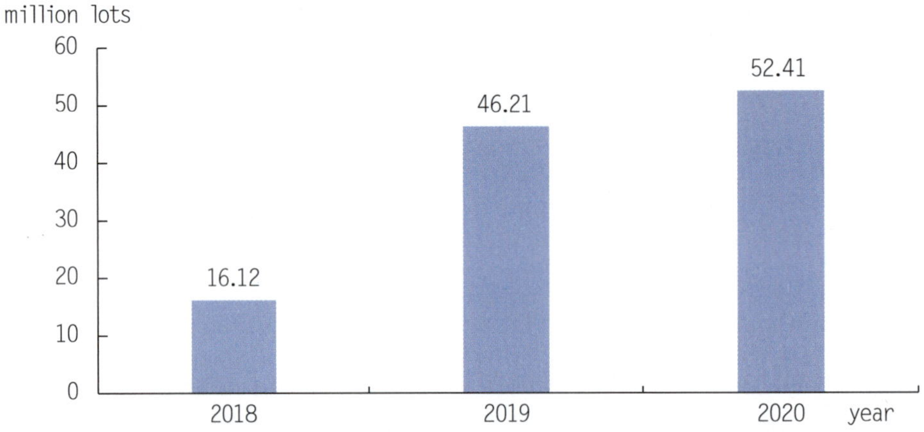

Figure 2.1 Trading Volume of SHFE Gold Futures in 2018—2020 (single-counted)

(Source: SHFE)

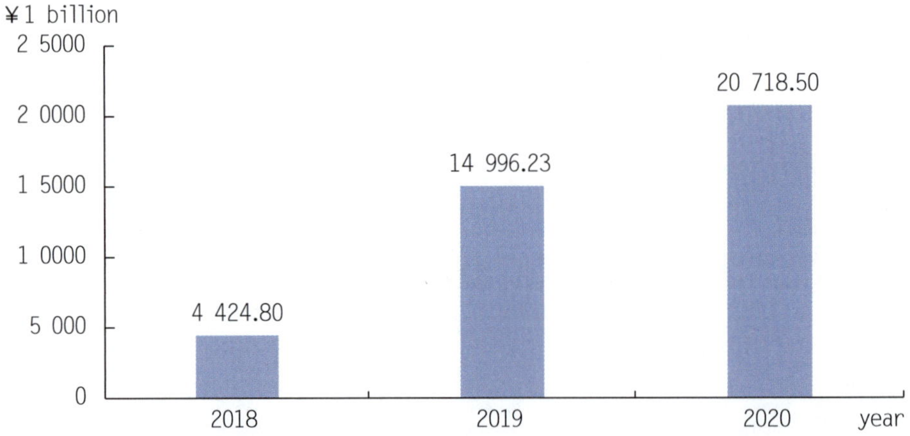

Figure 2.2 Turnover of SHFE Gold Futures in 2018—2020 (single-counted)

(Source: SHFE)

1. Monthly volume

In 2020, SHFE gold futures recorded a monthly average trading volume of 4 367 100 lots (approximately 4 367.1 mt),13.41% higher than the year before. The monthly trading volume was uneven throughout 2020. In the first half of the year, it showed significant growth as investors sought for risk haven assets in the wake of the pandemic. It reached a yearly high of 7 446 600 lots in August (approximately 7 446.6 mt) and a yearly low of 2 096 600 lots in February (see Figure 2.3).

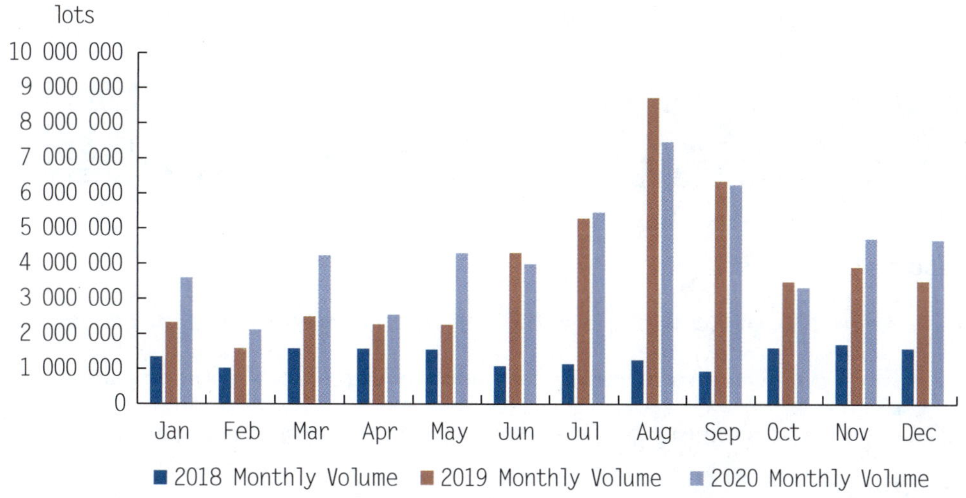

Figure 2.3 Monthly Volume of SHFE Gold Futures in 2018—2020 (single-counted)
(Source: SHFE)

2. Month-end open interest

SHFE gold futures' month-end open interest averaged 259 800 lots (approximately 259.8 mt), down by 1.34% YoY. The highest value of 313 900 lots was recorded in August, and lowest value of 187 900 occurred in December.

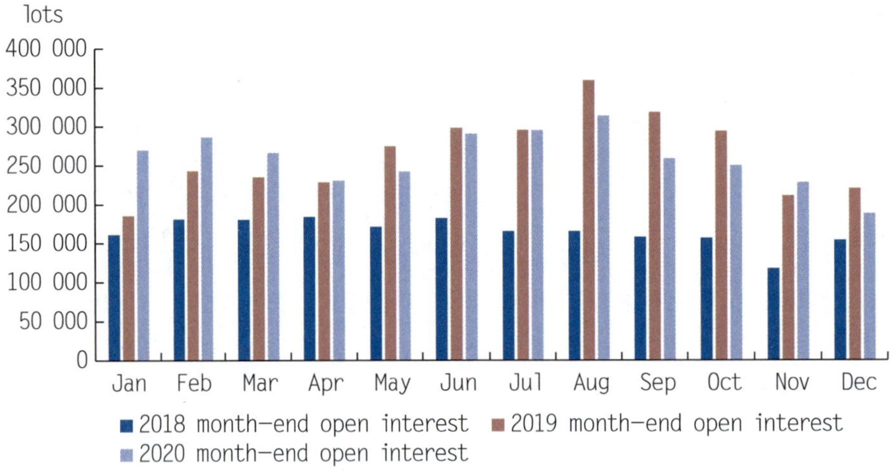

Figure 2.4 Month-End Open Interest of SHFE Gold Futures in 2018—2020 (single-counted)
(Source: SHFE)

3. Hedging transactions

In 2020, 3 450 700 lots (equaling 3 450.66 mt of gold) were traded for hedging purposes, a decrease of 4.22% YoY. Daily average hedging positions were 235 500 lots (equaling to 235.5 mt), up by 10.27% YoY and accounting for 44.48% of the daily open interest, gaining 9.69 percentage points from 2019.

(II) Delivery

As of the end of 2020, SHFE had 6 designated delivery vaults operated by the Industrial and Commercial Bank of China, Agricultural Bank of China, Bank of China, China Construction Bank, Bank of Communications, and Shanghai Pudong Development Bank, involving 39 deposit locations in total. In 2020, the delivery volume of gold futures totaled 2 958 kg, up by 36.75% YoY (Figure 5). Monthly delivery volume averaged 246.5 kg; annual delivery ratio was 0.01%.

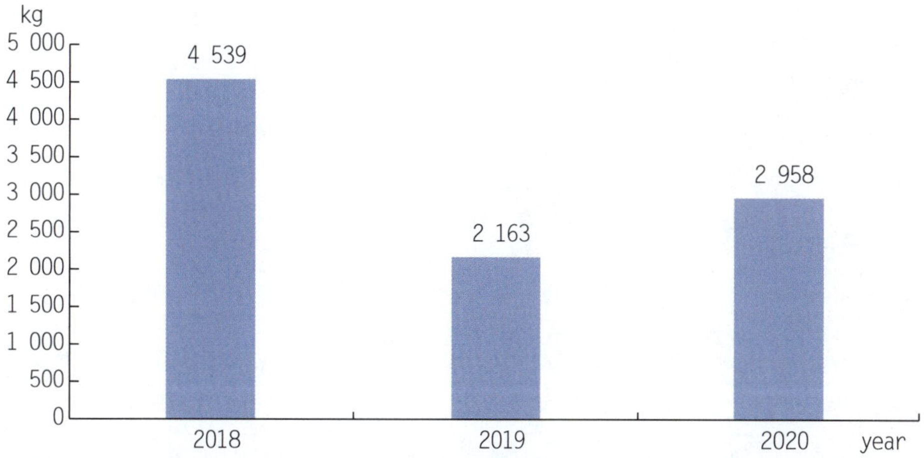

Figure 2.5 Delivery Volume of SHFE Gold Futures Contract 2018—2020

(Source: SHFE)

(III) Member Participation

In 2020, 173 SHFE members, or 88.27% of the membership, took part in gold futures trading. This total comprised 147 futures-firm members and 26 non-futures firm members.

II. Market Price

(I) International Gold Futures Pricing

International gold prices generally trended upward in 2020 (see Figure 6). Taking COMEX gold futures as an example, its most active contract opened at $1 521/ozt, reached a high of $2 089.2/ozt August 7 and a low of $1 450.9/ozt March 16, and closed at $1 901.6/ozt for the year. This was $381.6/ozt, or 25.11%, higher than the closing price at the end of 2019.

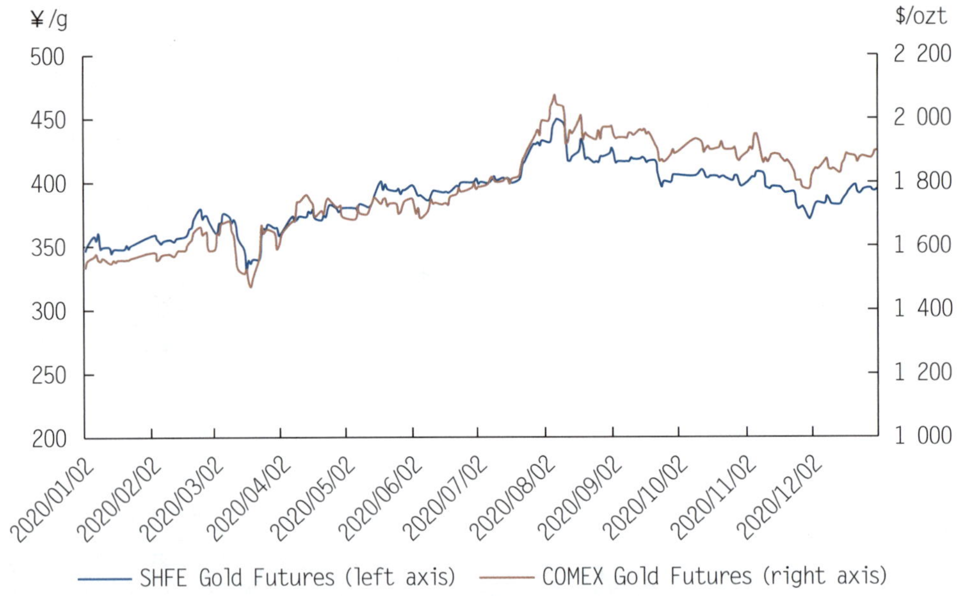

Figure 2.6 Domestic and International Gold Futures Pricesin 2020

(Source: SHFE, Wind)

In 2020, COVID-19, a flurry of stimulus plans, and the negative real interest rates of the U.S. dollar together caused the international gold price to shoot up—even momentarily above the $2 000/ozt mark—as investors scrambled for safe haven assets. In Q1, unprecedentedanti-pandemic measures, introduced worldwide following WHO's declaration of COVID−19 as a global pandemic, put economic activities to a screeching halt and sent the global financial market into a wild spin and starved of short-term liquidity. The bond market saw the rare combination of ultra-low yields and a flat forward curve; the price of various risk assets and commodities, gold included, fell sharply at the same time. On March 16, the international gold price dipped to the yearly low of $1 450.9/ozt before recovering. In Q2 and Q3, as countries unveiled their pandemic control measures and targeted fiscal and monetary policies and the market regained composure, the need for risk avoidance again fueled a surge in international gold price. In particular, because the pandemic has disrupted global supply chains and forced many refineries to halt production, inter-regional gold price spread widened. The international gold price hit a historical high of

$2 089.2/ozt on August 7. In Q4, the price dropped back down as the pandemic situation improved, before settling above $1 850/ozt for the year.

(II) Domestic Gold Futures Pricing

In 2020, the SHFE gold futures market generally mirrored the international price movement. The most active contract opened the year at ¥346/g, hit its lowest point of ¥330.12/g on March17, peaked at ¥454.08/g August 7, and closed at ¥397.6/g, gaining ¥50.12/g (+14.42%) from the end of 2019.

The price correlation coefficient in 2020 between SHFE and COMEX gold futures was as high as 0.9369; that between SHFE gold futures and Shanghai Gold Exchange's (SGE) Au(T+D) contract was 0.9975, showing an exceedinglystrong correlation between spot and futures gold prices in China. The annual movement of the domestic-international spread and domestic spot-future spread is shown in Figure 2.7 and Figure 2.8.

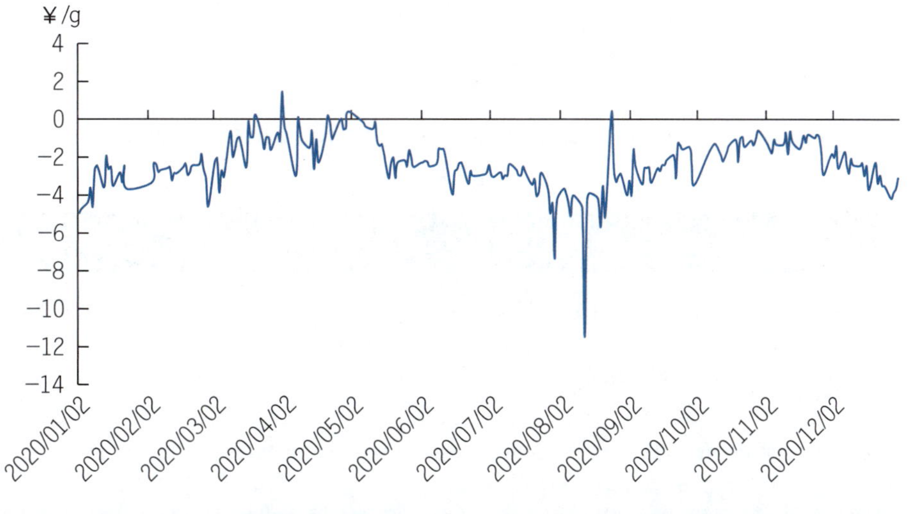

Note: measured by settlement price.

Figure 2.7 Spread between SHFE Gold Futures and SGE Au(T+D) in 2020

(Source: SHFE, Wind)

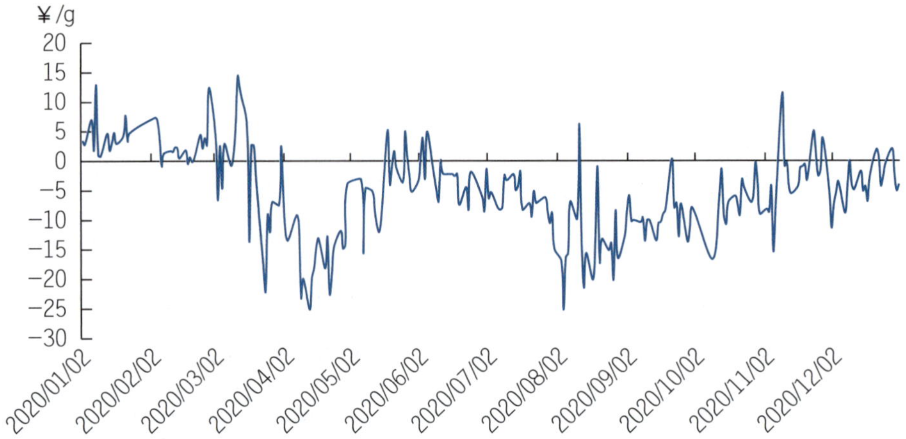

Note: COMEX closing prices have been converted into RMB based on the official central parity rate published daily.

Figure 2.8 Spread between SHFE Gold Futures and COMEX Gold Futures in 2020 (by closing price)

(Source: SHFE, Wind)

(III) Fluctuations in Gold Futures Price

Gold futures price was much more volatile in 2020 than it was in 2019. The annualized volatility of daily returns rose by 5.22 percentage points to 18.32% (see Table 2.1).

Table 2.1 Annualized Volatility of Daily Returns on Gold Futures in 2018–2020

Volatility	2018	2019	2020
Annualized volatility	6.86%	13.10%	18.32%

Note: Annualized volatility is calculated by multiplying the standard deviation of daily returns (according to the closing price) by the square root of the number of trading days.

Source: SHFE.

III. Market Development

In 2020, under the leadership of CSRC, SHFE was fully committed to optimizing relevant rules and supervising the market with no interference, while showing zero-tolerance towards violation"; respecting the rules of the market, exercising law-based regulation, building professional competence, preventing associated risks, and seeking a synergy from all stakeholders; adopting the new development philosophy; and strengthening frontline supervision, expanding the range of products, promoting two-way opening-up of the market, building itself into a market hub, and helping enterprises recover after the pandemic. SHFE aims to support the new, "dual circulation" development model, which emphasizes a strong domestic economy with international engagement playing a supplementary and mutually complementary role. In particular, SHFE has taken the following actions to strengthen the gold futures market:

(I) Strengthening the Rules and Regulations of the Futures Market

In 2020, SHFE worked closely with relevant legis lative and government authorities on the drafting of the *Futures Law*, safeguarded market openness and integrity, strengthened investor protection, supported the healthy development and efficient operations of the market, and helped made China's derivatives market more appealing and competitive internationally. Meanwhile, to provide the market with a steady and predictable stream of new or updated foundational rules and frameworks and ultimately help create a derivatives market with Chinese characteristics, SHFE has been revising its detailed business rules based on experiences from the market and supervision practices.

(II) Improving Market Breadth and Depth

In 2020, SHFE gold options successfully completed a full contract lifecycle of trading, clearing, and exercise. This success signals that there is now a wider range of risk management tools in China's gold derivatives market, a closer linkage between the various derivative products, and a more optimized investor structure. In addition, SHFE has improved the market-making framework for gold futures, pushed for the revision of quality standards for gold futures deliverables, enhanced contract continuity, and increased market depth.

(III) Improving Market Efficiency

In 2020, SHFE actively responded to the needs of the industry by launching a one-day delivery procedure for gold futures. This innovative mechanism has simplified the delivery process, improved market efficiency, and enabled industrial enterprises to shorten the capital and inventory turnover period. Moreover, SHFE began to accept treasury bonds as margin and expanded the selection of delivery warehouses to strengthen the derivatives market's capacity and efficiency at in resource allocation.

(IV) Strengthening Market Governance

In 2020, the international gold price experienced significant fluctuations as a result of the pandemic. During this period, SHFE strengthened risk forecast and frontline supervision to maintain a generally stable gold futures market, helping the Chinese market and prices remain strong in extreme risk scenarios and providing global investors with valuable information for risk pricing. For the outstanding management of its precious metals, base metals, energy, and chemical products, SHFE was recognized as the "Emerging Market Exchange of the Year" by FOW& Global Investor.

(V) Buildinga More Innovative Ecosystem

In 2020, to support innovations in the gold industry, SHFE responded swiftly to the changing external conditions by launching various investor education programs such as the "Online SHFE Metals Forum" and "Online Metal Week", co-sponsoring the "Hopes Cup" national competition for gold investment analysts, and organizing domestic and international industry conferences in either online or offline format. These efforts helped promote a healthy market ecosystem and the high-quality development of the industry.

IV. Future Plans

At the ceremony celebrating the 30th anniversary of the development and opening-up of Pudong, President Xi Jinping said that it is necessary to intensify reforms and achieve a higher-level opening-up, strengthen China's capabilities in global resource allocation, and raise China's pricing influence for key commodities. Under the leadership of CSRC, SHFE will focus particularly on the last of these three objectives and more effectively serve and champion the development of the real economy. SHFE will take a holistic perspective when driving reforms and innovation, improving market operations, and helping foster the new development paradigm.

First, promoting reform and innovationto invigorate the market. SHFE will further improve the market operations by enhancing the rules and IT systems underlying the trading, clearing, delivery, and risk control of gold derivatives, so as to provide market participants with professional, efficient, and a wider range of risk management tools.

Second, building itself into a market hub and unveiling a new chapter of industry service. SHFE will meticulously analyze the needs of market players, introduce more products, optimize the investor structure and broaden participation channels, and promote market growth. It strives to strengthen the interconnection of the futures and spot markets, launch innovative investor education programs, and make resource allocation through the market more efficient to support the high-quality development of the gold industry.

Third, enhancing the two-way opening-up of the futures market to create growth drivers. SHFE will accelerate the opening-up of the gold futures market, explore new modes of institutional opening-up, help connect the domestic market with the international market, and pool together industry's wisdoms to build a healthy ecosystem and raise the global influence of SHFE gold futures prices. At the same time, SHFE will continue to further strengthen its frontline supervision capacity in an ever-more open market, so as to maintain an open, fair and impartial market.

| Chapter *3* |

Commercial Banks' Gold Businesses

[Written by PBC Shanghai Head Office]

Gold trading by commercial banks was overall stable in 2020. Together they accounted for over 70% of the gold trading volume at Shanghai Gold Exchange (SGE), despite scaling back slightly from the year before, while their OTC gold trading in and outside China continued to grow.

I. Gold Trading Volume at SGE Declined

In 2020, commercial banks traded 43 267.67 mt of gold at SGE (including both proprietary and brokerage trades) valued at ¥16 633.102 billion, a decrease of 23.01% and 5.42% YoY, respectively. Proprietary-brokerage breakdown was 34 684.71 mt (−29.11% YoY) and 8 582.97 mt (+17.96%). Among the brokerage trades, 794.23 mt were attributed to institutional accounts (−20.33%) and 7 788.74 mt to individual accounts (+24.04%).

In terms of trading mode, commercial banks concluded 29 629.21 mt of price asking gold trades (−24.01% YoY), 12 738.03 mt of price matching trades (−21.06%), and 900.43 mt of benchmark price trades (−13.71%), respectively representing 94.76%, 48.31% and 91.26% of the corresponding markets at SGE.

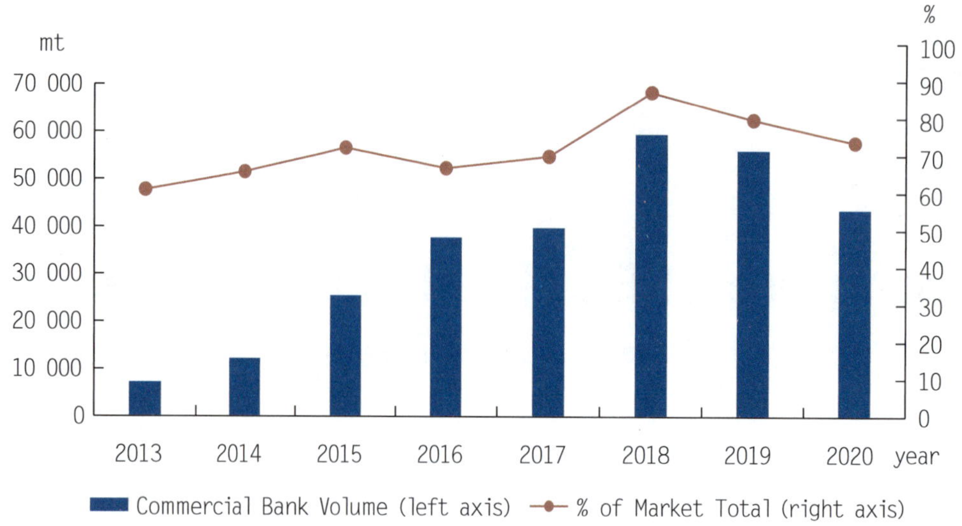

Figure 3.1 Total Gold Trading Volume of Commercial Banks at SGE and Market Share

(Source: China Gold Market Monitoring and Analysis System)

II. OTC Trading Volume Rose

In 2020, commercial banks traded 11 400 mt (+10.26% YoY) of gold in China's OTC markets. The sales of paper gold, physical gold, and gold-linked wealth management products expanded while gold leasing and gold derivatives trading cooled down.

(I) Surging paper gold trading

In 2020, 13 commercial banks traded 4 480.16 metric tons of paper gold (buy and sell sides combined, +27.51% YoY), valued at ¥1 709.367 billion (+53.53%). Among this total, 4 185.73 mt (+27.71%) were attributed to RMB accounts and 294.44 mt (+24.86%) were attributed to USD accounts.

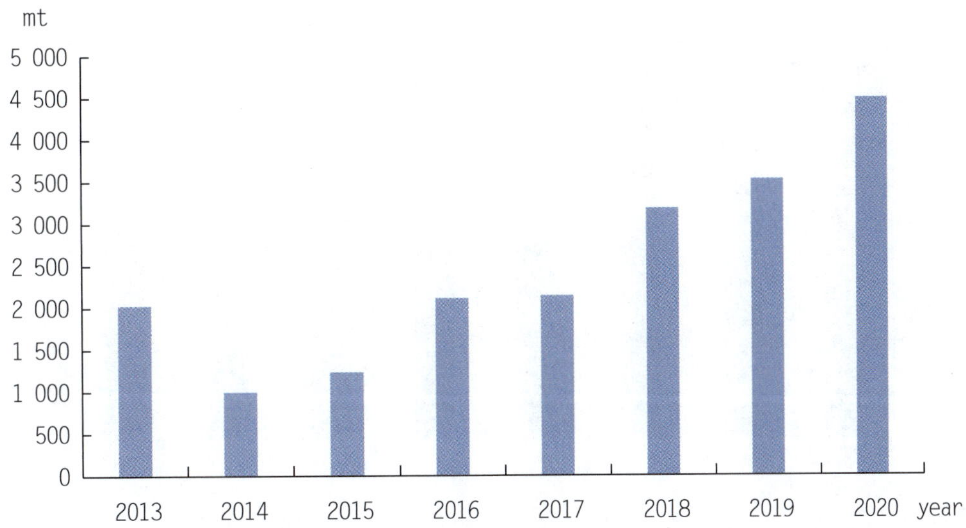

Figure 3.2 Paper Gold Trading Volume through Commercial Banks

(Source: China Gold Market Monitoring and Analysis System)

(II) Physical gold sales up for the first time in 5 years and gold repurchase maintaining growth momentum

Commercial banks'physical gold trading consists of the sales and repurchase of proprietary brand gold products, third-party gold products, and gold accumulation plans (including gold-related Automatic Investment Plans, AIPs). In 2020, commercial banks sold 252.42 mt of physical gold (+21.27% YoY), generating ¥101.699 billion of sales (+46.79%) and comprising 86.85 mt of proprietary brand products (+14.19%), 16.24 mt of third-party products (–12.19%), and 149.33 mt of gold accumulation plans (including AIPs) (+33.77%).

Over this year, the gold repurchase and redemption volume of commercial banks totaled 233.32 mt (+18.09% YoY), comprising 68.60 mt of proprietary brand products (+71.53%) and 16.02 mt of third-party products (–22.05%). Redemption volume for gold accumulation plans (including AIPs) amounted to 148.70 mt, up by 9.89% from the year before.

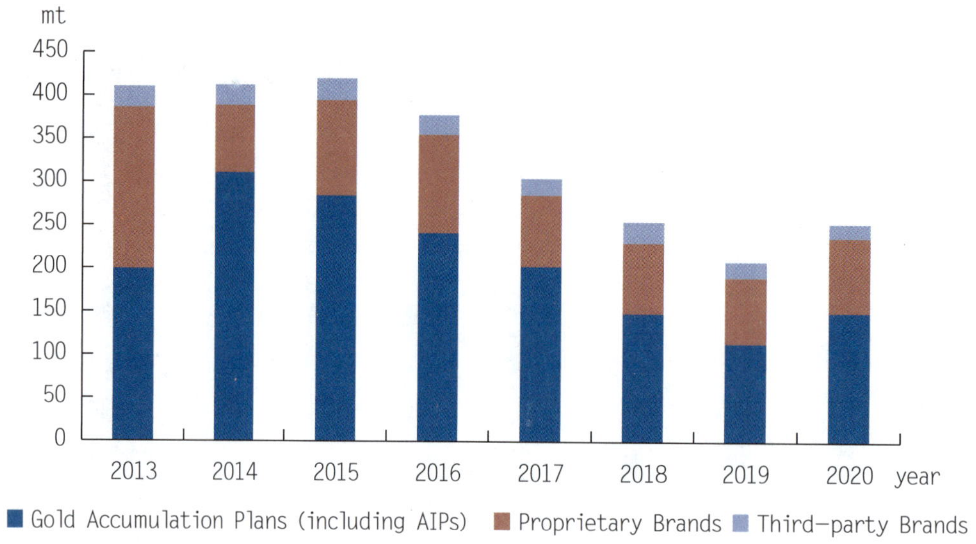

Figure 3.3 Physical Gold Sales Volume of Commercial Banks

(Source: China Gold Market Monitoring and Analysis System)

(III) Rising popularity ofgold-based wealth management products

In 2020, commercial banks sold ¥3 839.489 billion (in notional value, +52.07% YoY) worth of gold-linked wealth management products, and on-maturity redemption amount was ¥3 883.954 billion (+87.20%). As of the end of December, the balance of outstanding gold-based wealth management products was ¥475.259 billion, down 38.24% YoY.

(IV) Modest dip in gold leasing

The gold leasing segment consists of gold lending among commercial banks and gold leasing to corporate customers. In 2020, commercial banks loaned out 2 013.01 mt of gold (−8.01% YoY), comprising 1 410.12 mt to other banks (−2.62%) and 602.89 mt to customers (−18.55%). As of the end of 2020, the balance of gold on loan was 1 193.52 mt (−15.07%).

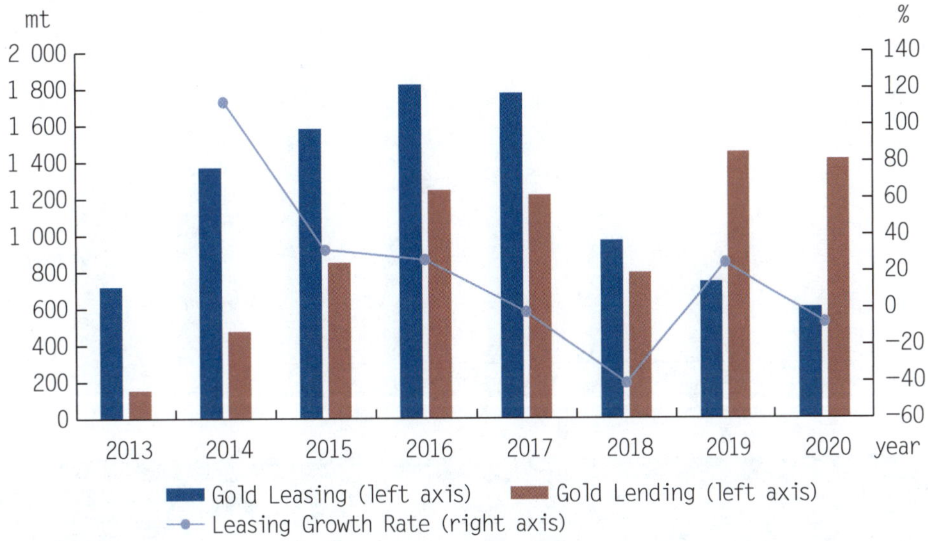

Figure 3.4 Gold Leasing and Lending Volume of Commercial Banks in 2013–2020

(Source: China Gold Market Monitoring and Analysis System)

(V) Small slip in domestic gold derivatives

In 2020, commercial banks traded 3 154.62 mt of gold derivatives in the Chinese OTC markets (−10.80% YoY). Among this total, 686.18 mt were denominated in RMB (+27.65%) and 2 468.44 metric tons in U. S. dollars (−17.69%).

III. Overseas Gold Trading Volume Increased Slightly

In 2020, 31 commercial banks concluded 23 008.95 mt of gold transactionsin overseas markets at a total notional value of $1 298.234 billion, an increase of 0.03% and 27.04% YoY, respectively. By product classification, foreign gold derivative products—gold forwards, swaps, options, and futures—accounted for 46.95%, or 10 803.51 mt of volume, foreign gold spot 17.20%, and foreign gold lending 35.85%.

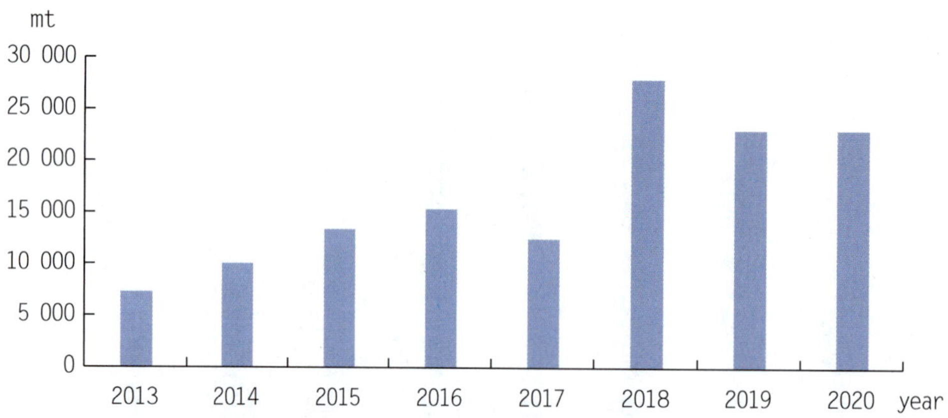

Figure 3.5 Overseas Gold Trading Volume of Commercial Banks

(Source: China Gold Market Monitoring and Analysis System)

| Chapter 4 |

Gold Supply and Demand

[Written by China Gold Association]

In 2020, China's gold supply was 1 242.75 mt, a decrease of 462.95 mt, or 27.14%, compared with 2019. On a YoY basis, processed gold fell 4.18% to 479.50 mt, recycled gold surged 25.66% to 583.92 mt, and imported gold dropped 75.79% to 179.33 mt.

Table 4.1 China's Gold Supply and Demand in 2020 Unit: mt、%

Category	2020	2019	Change YoY
I. Gold Supply			
(1) Processed gold	479.50	500.42	−4.18
(2) Recycled gold	583.92	464.68	25.66
(3) Imported gold	179.33	740.60	−75.79
Total supply	**1 242.75**	**1 705.70**	**−27.14**
II. Gold Demand			
(1) Gold consumption	820.98	1 002.78	−18.13
1. Jewelry	490.58	676.23	−27.45
2. Bars and coins	246.59	225.80	9.21
3. Industries and others	83.81	100.75	−16.81
(2) Jewelry and product exports	163.32	248.57	−34.30
(3) Investment demand	223.78	293.15	−23.66
1.Gold-backed ETFs	16.11	−0.31	—
2. Flows and allocations by institutions	207.67	293.46	−29.23

concluded

Category	2020	2019	Change YoY
(4) Central bank net purchase	0.00	95.80	−100.00
Total Demand	**1 208.08**	**1 640.30**	**−26.35**
III. Balance			
New inventory	**34.67**	**65.40**	**−46.99**

Source: China Gold Association.

China's gold demand reached 1 208.08 mt, down by 432.22 mt (−26.35%) compared with 2019. Of this total, consumption dropped 18.13% to 820.98 mt, gold jewelry and product exports decreased 34.30% to 163.32 mt, and investment needs dropped 23.66% to 223.78 mt.

In 2020, China gained 34.67 mt in gold inventory, down by 46.99% YoY, holding onto the title of the world's largest gold producer and consumer.

I. Gold Supply Structure

China's gold supply in 2020 was composed of 479.50 mt of processed gold, 583.92 mt of recycled gold, and 179.33 mt of imported gold, accounting for 38.58%, 46.99%, and 14.43% of the total, respectively. Recycled gold has become the largest source of gold for China.

Table 4.2 China's Gold Supply Structure in 2020 Unit: mt、%

Category	2020	2019	Change YoY	Change YoY	percentage of Total
Processed gold	479.50	500.42	−20.92	−4.18	38.58
Recycled gold	583.92	464.68	119.24	25.66	46.99
Imported gold	179.33	740.60	−561.27	−75.79	14.43
Total	**1 242.75**	**1 705.70**	**−462.95**	**−27.14**	**100.00**

Source: China Gold Association.

(I) Processed gold

1. Production from domestic and imported raw materials

China produced 479.50 mt of processed gold in 2020, down by 4.18% compared with the year before. In particular, while China retained the title as the world's largest gold producer – now for 14 straight years – domestic output fell 3.91% to 365.34 mt. The remaining production volume of 114.16 mt came from processing imported raw materials, down by 5.02% from 2019. Impacted by the COVID–19 pandemic, domestic gold output continued to decline, and the supply of imported gold raw materials fell short of demand.

2. Mine output and non-ferrous metals-associated gold

Production from the two domestic sources of raw materials trended downward, with mine output declining 4.03% to 301.69 mt, and non-ferrous metals-associated gold falling 3.35% to 63.65 mt.

3. Major producing provinces (including production with imported raw materials)

In 2020, the top 5 gold-producing provinces in China were Shandong (179.22 mt), Henan (83.69 mt), Jiangxi (30.15 mt), Yunnan (27.95 mt), and Gansu (26.94 mt). Their combined output stood at 347.95 metric tons, accounting for 72.56% of China's total (inclusive of production with imported raw materials), down 2.63% compared with the previous year.

Table 4.3 Processed Gold Output of Top 5 Producing Provinces in 2020 Unit: mt、%

Rank	Province	2020	2019	Change YoY
1	Shandong	179.22	188.18	–4.76
2	Henan	83.69	90.17	-7.19
3	Jiangxi	30.15	44.21	-31.80
4	Yunnan	27.95	25.68	8.83
5	Gansu	26.94	28.08	–4.05

Source: China Gold Association.

Further Reading

By the end of 2019, China's identified gold reserves amounted to 14 131.06 mt, up by 3.61% over the preceding year. It marked the 15th consecutive year of growth and the 5th year above the 10 000 mt-threshold for China.

In 2019, Shandong, Anhui and Heilongjiang made the biggest gains of 177.67 mt, 87.59 mt, and 68.54 mt, respectively. The 3 provinces' total of 333.80 mt accounts for 67.75% of China's new reserves in absolute terms.

(II) Recycled gold

In 2020 China recycled 583.92 metric tons of gold, up by 25.66% YoY and representing 46.99% of the country's total supply. This increase was partly attributable to the rising gold price and, together with the drastically shrinking import of gold, made recycled gold the largest source of gold for China.

(III) Imported gold

Estimating from China customs data, China imported 179.33 mt of gold in 2020, falling 75.79% from 2019, and accounting for 14.43% of the country's total gold supply.

II. Gold Demand Structure

In 2020, China's gold demand decreased 432.22 mt (−26.35%) versus 2019 to 1 208.08 mt. Accounting for 67.96% of this total, gold consumption was at 820.98 mt, down by 181.80 mt (−18.13%) YoY and making China the largest gold consumer for 8 consecutive years. Gold jewelry and product exports were at 163.32 mt, making up 13.52% of the total domestic demand; investment demand was 223.78 mt, or 18.52% of the total.

Table 4.4 China's Gold Demand Structure in 2020 Unit: mt、%

Category	2020	2019	Change yoy	Change yoy	percentage of Total
I. Consumption	820.98	1 002.78	−181.80	−18.13	67.96
1. Jewelry	490.58	676.23	−185.65	−27.45	40.61
2. Bars and Coins	246.59	225.80	20.79	9.21	20.41
3. Industrial and others	83.81	100.75	−16.94	−16.81	6.94
II. Jewelry and product exports	163.32	248.57	−85.25	−34.30	13.52
III. Investment demand	223.78	293.15	−69.37	−23.66	18.52
1. Gold-backed ETFs	16.11	−0.31	16.42	—	1.33
2. Flows and allocations by institutions	207.67	293.46	−85.79	−29.23	17.19
IV. Central bank net purchase	0.00	95.80	−95.80	−100.00	0.00
Total	**1 208.08**	**1 640.30**	**−432.22**	**−26.35**	**100.00**

Source: China Gold Association.

(I) Gold consumption

1. Jewelry

In 2020 Jewelry consumption was 490.58 mt, down by 185.65 mt, or 27.45% from 2019, and accounting for 40.61% of the total demand. As COVID–19 broke out early the year, jewelry production, processing, and retail were severely impacted. But with effective pandemic control in China, jewelry consumption steadily recovered. In particular, some jewelry retailers opened up new markets online, which to some certain extent cushioned the decline in jewelry consumption.

2. Bars and coins

Consumption of gold bars and coins hit 246.59 mt in 2020, 20.79 mt (+9.21%) more than 2019 and making up 20.41% of the total demand. Backed by private investors who were attracted by the volatile gold price and loose monetary policy, the consumption of bars and coins increased significantly YoY, especially in the second half of 2020.

3. Industries and others

In 2020 Chinese industries consumed 83.81 mt of gold, which is 16.94 mt or 16.81% less than 2019 and accounting for 6.94% of the country's total gold demand. The rising gold price resulted in a decline in gold consumption by industrial companies.

(II) Gold jewelry and product exports

Based on data from China customs, China exported 163.32 mt of gold jewelry and products in 2020, accounting for 13.52% of the total domestic demand and representing a decline of 85.25 mt (−34.30%) from 2019. The quantity of export went down further.

(III) Investment demand

1. Gold-backed ETFs

The number of domestic gold-backed ETFs increased from 4 to 11 in 2020. As of the end of the year, they were holding 60.91 mt of gold, an increase of 16.11 mt or 35.97% from the last year. As gold is sought after as a hedge against risks and inflation, the holdings of gold-backed ETFs surged.

2. Flows and allocations by institutions

In 2020, institutional demand for gold, for inventory shifts and allocations, was 207.67 mt, a decrease of 85.79 mt or 29.23% compared with 2019, and constituting 17.19% of the total demand.

(IV) Central bank net purchase

China's official gold reserve remained unchanged in 2020. By the end of December, the reserve stayed at 1 948.32 mt, ranking 7th in the world.

| Chapter 5 |

International Market

[Written by World Gold Council]

I. Global Gold Market Summary

The global gold market was ravaged by COVID–19 disruption throughout the year, while record high prices were a mixed blessing. Weak fourth quarter (Q4) set the seal on an 11-year low for annual 2020 gold demand.

The coronavirus pandemic, with its far-reaching effects, was the driving factor behind weakness in consumer demand throughout 2020, culminating in a 14% decline in annual demand to 3 759.6 mt, the first sub–4 000 mt year since 2009. Gold jewellery demand in Q4 fell 13% YoY to 515.9 mt, resulting in a full-year total of 1 411.6 mt, 34% lower than in 2019 and a new annual low for our data series. Bar and coin demand grew 10% YoY in Q4, pushing annual retail investment up by 3% to 896.1 mt. Nevertheless, demand remained weak relative to the 10-year average (1 199.5mt). Despite 130 mt of outflows in Q4, gold backed exchange-traded funds (gold ETFs) saw record annual inflows: global holdings grew by 877.1 mt in 2020. In addition, evidences suggest that OTC activity, which is not directly captured in our data set, was also robust throughout the year. Annual central bank purchases came to 272.9 mt (–59% YoY) of which 86% was added in first half year (H1). The technology sector, impacted by disruption from COVID–19, saw gold usage decline 7% in 2020 to 301.9 mt.

Total annual gold supply of 4 633 mt was 4% lower YoY, the largest annual fall since 2013.

The drop was largely explained by coronavirus-related disruption to mine production, offset by a marginal 1% increase in recycling to 1 297.4 mt for 2020.

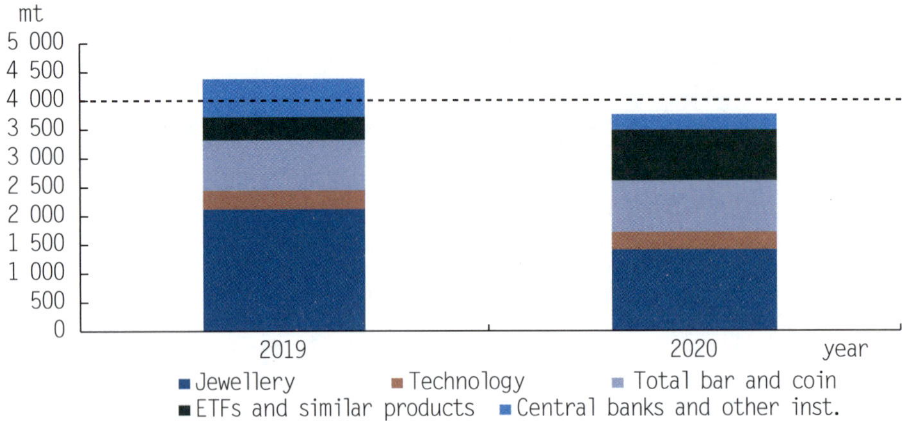

Figure 5.1 Annual Gold Demand at an 11-year Low below 4 000 mt

(Source: Metals Focus, World Gold Council)

Highlights

★ The U.S. dollar gold price returned 25% in 2020 supported by investor demand. After reaching a record high in August across most currencies, the LBMA Gold Price PM dropped back to U.S.$1 762.55/oz at the end of November, before recovering to close the year at U.S.$1 887.6/oz.

★ Inflows into global gold ETFs reached an annual record of 877.1 mt (U.S.$47.9 billion). Increased uncertainty and the policy response to the pandemic likely fuelled consistent inflows through October, before a recovery in sentiment and a drop in the gold price likely led to 130 mt of outflows in Q4.

★ Demand for gold bars and coins grew 10% in Q4. A recovery in China and India in the second half of 2020 added to continued strength in Western markets to lift annual demand to 896.1mt (+3%).

★ 2020 marked a record low for gold jewellery demand. Despite a quarterly recovery in Q4, demand was unable to overcome the continued challenges presented by COVID–19.

★ Gold buying by central banks slowed sharply in 2020, almost 60% lower at 273 mt. Q4 saw a return to net buying: global official reserves grew by 44.8 mt during the quarter, more than reversing the 6.5 mt of net sales from Q3.

II. Jewellery

Jewellery demand in 2020 dropped to its lowest annual level on record, decimated by the combination of the global pandemic – with its resultant market lockdowns – and record high gold prices at a time of economic slowdown.①

★ Total annual jewellery demand dropped to 1 411.6 mt, the lowest in our annual data series and 34% lower YoY.

★ The two largest gold markets, India and China, were the two major contributors to the annual decline.

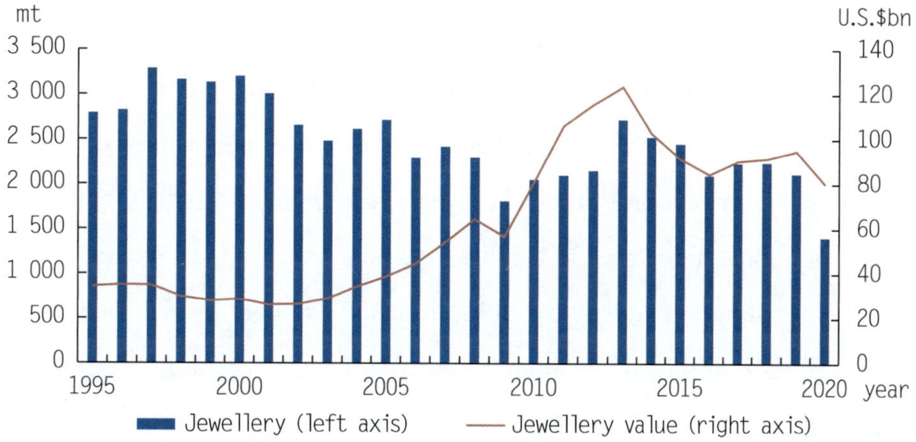

Figure 5.2 COVID-19 Thumped Annual Gold Jewellery Demand

(Source: Metals Focus, ICE Benchmark Administration, World Gold Council)

① The annual data series for gold demand trends goes back to 1995 and our quarterly data series starts in Q1 2000. Where we quote record numbers in annual or quarterly gold demand, they are in relation to these respective data series. Gold ETF data is available from 2003, when the first funds were introduced.

(I) China

Traditionally a seasonally strong period for gold demand in China, Q4 demand of 145.1 mt was 10% lower YoY.① Full year demand continue to decline – the lowest annual total for China since 2009.

Throughout 2020, China's jewellery market has been buffeted on two fronts. On one hand, the economic damage and restriction on social activities wrought by COVID–19 in Q1 left a lasting dent in annual gold jewellery demand. On the other hand, structural changes – including retailers reducing their inventories, industry consolidation reducing jewellery retailers' point of sales in general, and the continued shift in young consumers' preference towards lighter products – also played a role in weakening gold jewellery demand.

Heritage gold jewellery products outperformed other categories in the last quarter and performed strongly in 2020 overall. With their intricate craftsmanship and inclusion of traditional cultural elements, these products grew in popularity – particularly among high-end consumers whose incomes were less impacted by the pandemic.

Lightweight hard–24K gold jewellery products with trendy designs maintained their significance in China's gold jewellery market in 2020. To some extent, the economic slowdown had a relatively positive impact on the popularity of these products; as they are more affordable and trendier than traditional items, they were able to maintain their appeal to consumers, especially young consumers with limited budgets. In addition, many jewellers restructured their inventories towards lighter hard–24K products in order to lower their costs of capital during the economic hardship of 2020.

Looking ahead to 2021, our fieldwork indicates an optimistic attitude among major jewellers in China, who experienced strong sales in recent months. The main reasons behind the more positive outlook over the coming months are given below:

---

① The "Golden Week" national holiday in Q4 is traditionally a popular time for weddings, while consumers also buy gold jewellery – both for gifting and as a symbol of good luck – in preparation for the most important festival in the Chinese calendar, the Lunar New Year.

★ The expectation of continued strength in China's economy, leading to faster growth in consumer disposable income.

★ Chinese policy makers have positioned domestic consumption as a priority in coming years.

★ Industry consolidation in 2020 weeded out jewellers with weak brand value and problematic cash flows, putting the industry in a healthier position.

★ COVID–19 is widely expected by those in the trade to remain well contained in China.

(II) India

2020 marked a new low for Indian gold demand in our data series: down by 42% to 315.9 mt. Losses narrowed significantly in the fourth quarter, with demand just 8% lower YoY at 137.3 mt, a significant quarter-on-quarter (QoQ) improvement.

With the easing of lockdown restrictions from September and a reported steady reduction in COVID–19 daily cases, some positive signals of domestic economic recovery came through in Q4. Together with the sharp pullback in the domestic gold price, these factors supported the quarterly recovery in gold jewellery demand.

The average gold price for Q4 at Rs50 195/10gm was 32% higher YoY but 2% lower QoQ and 10% below the all-time high of Rs56 000/10gm from early August. The correction in the local gold price to back below the key psychological level of Rs50 000/10gm for much of December spurred bargain buying and pent-up demand.

Festivals and weddings in Q4 offered the traditional seasonal boost to jewellery demand, although it remained soft on a historical basis. With the end of Adhik Maas on 16 October, sales picked up during Navratri.[①] And during Dhanteras – considered to be an important gold purchase

① Navratri is a Hindu festival that spans nine nights and is celebrated as a mark of victory of good over evil. in 2020, Navratri was celebrated in India from 17 to 25 October. It is a popular gold jewellery shopping occasion. Adhik Maas is an extra month in the Hindu calendar occurring every 32.5 months and is considered inauspicious for gold jewellery purchases. In 2020, Adhik Maas ran from 17 September to 16 October.

festival – footfall and gold jewellery volumes improved still further, exceeding local industry expectations.①

Pent-up demand from weddings deferred from earlier in the year and rescheduled for Q4 also provided a fillip to jewellery demand. But, with higher gold prices, consumers preferred gold-for-gold exchange for wedding purchases.

Resilient rural demand helped support quarterly recovery. Rural demand received a boost in the fourth quarter from a good monsoon, with rainfall 9% above the long-term average. Furthermore, relatively low COVID–19 infection rates, higher minimum support prices for crops, and expectations of higher Kharif food grain production (0.8% higher YoY) also buoyed the rural economy.② Gold jewellery retailers in Second- and third-tier cities, where economic activity is more dependent on agricultural and allied activities, reported better volume sales in the quarter.

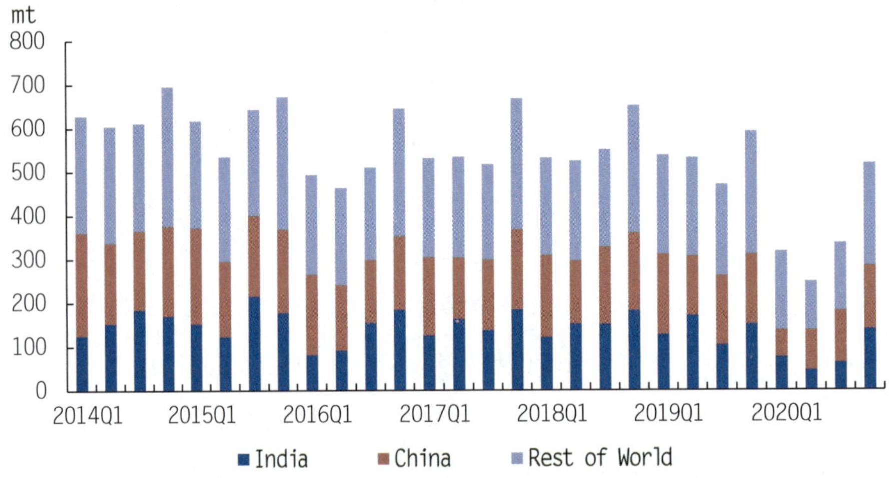

Figure 5.3 India and China Down but not out as Q4 Sees Quarterly Recovery
(Source: Metals Focus,World Gold Council)

① Dhanteras is the first day of Diwali, one of the most important festivals in the Hindu calendar and a traditional gold purchase occasion.

② India has two main cropping seasons: Kharif and Rabi. Kharif crops are sown during the summer monsoon, beginning with the first of the rains in July, and are harvested in the winter. Rabi crops are sown during the winter months, with a spring harvest.

(III) Middle East and Turkey

Gold jewellery demand in both Turkey and the Middle East slumped by around 30% in 2020 to their lowest annual levels in our data series. Turkey was one of the few markets not to see a notable QoQ uplift in gold jewellery demand in Q4. Demand reached 6.8 mt – up by 3% from Q3, but down 25% YoY. Significant lira depreciation between August and early November pushed the local price to an all-time high of TL540/g – an increase of around 86% from the start of the year. Unsurprisingly, gold jewellery demand was subdued as a result.

Markets across the Middle East saw double-digit declines in annual demand, with Q4 also seeing some sizable YoY losses as the economic impact of the pandemic, together with high gold prices, continued to weigh on demand. Demand in the UAE in Q4 fell 20% YoY, but jumped 80% QoQ thanks to a return of some degree of tourist demand and decent festival buying as the gold price dropped. Saudi Arabia saw the steepest YoY decline in Q4 (–26%), due to the continued impact of VAT being levied on gold jewellery.

(IV) The West

Gold jewellery demand in the U.S. totalled 118.2 mt for the full year, 10% lower than 2019. The decline was, unsurprisingly, driven by damage to income and sentiment from COVID–19. The fourth quarter demand of 48.7 mt was relatively robust, down by just 1% YoY due to the release of some pent-up demand from earlier quarters and spending being diverted from travel and dining out. A review of jewellery in value terms reveals a more positive picture for the U.S. in Q4, with high gold prices helping demand jump to a quarterly record of U.S.$2.9 billion. It should be noted that U.S. demand figures could be subject to greater than normal revisions going forward, due to varying levels of uncertainty in the data from different sources amid COVID–19 disruption.

Having averaged 75 mt over the prior 8 years, gold jewellery demand in Europe dropped 21% to 56.7 mt in 2020 amid the chaos wrought by COVID–19. The cancellation of weddings, naming ceremonies such as christenings, and similar events had a material impact.

(V) Other Asia

Annual gold demand among the smaller markets in Asia was, without exception, well below 2019 levels. QoQ recoveries were universal across the region in Q3 and Q4, but were insufficient in magnitude to reverse H1 weakness.

Thailand and Indonesia posted the steepest losses, with annual demand only around half that of 2019 levels. High local gold prices, which encouraged Thai consumers in particular to sell back their existing gold, together with the economic impact of COVID–19 explained the drop. Japan and South Korea saw the smallest YoY declines, of 19% and 16% respectively.

III. Investment

Global investment demand grew 40% to a record annual high of 1 773.2 mt.

★ Global gold-backed ETFs (gold ETFs) holdings grew by 877.1 mt during 2020, reaching record year-end holdings of 3 751.5 mt.

★ Outflows of 130.7 mt during Q4 were concentrated in November (–108.7 mt) as the U.S.$ gold price fell sharply during the month.

★ Bar and coin investment of 896.1 mt was 3% higher YoY, with unfettered growth coming through in the second half of the year.

(I) ETFs

Annual inflows into gold ETFs reached a record 877.1 mt (U.S.$47.9 billion) in 2020, despite outflows of 130.7 mt during Q4. Global holdings closed the year at 3 751.5 mt (U.S.$228.2

billion).[①]

Sustained strong inflows into gold ETFs over the first 9 months of 2020 were fuelled largely by the eruption and spread of the coronavirus pandemic and decisive fiscal and monetary policy responses from global authorities. A record 1 007 mt was added to global holdings over this period.

By contrast, Q4 saw net outflows of 130.7t as sentiment shifted and the gold price underwent a sharp corrective pullback. The quarter started positively: October was the 11th consecutive month of growth (albeit at a slower pace, with inflows of 18.8 mt) and global holdings reached a record of more than 3 900 mt. But November witnessed a sharp reversal, with outflows of 108.7 mt, followed by more moderate outflows of 40.1 mt in December. The conclusion of the widely anticipated U.S. election removed a key element of uncertainty from the market and encouraged some of the shift out of gold ETFs. And the announcement of successful COVID–19 vaccines buoyed wider market sentiment, boosting risk appetite and prompting a shift into riskier assets like stocks, pushing equity markets in some regions to all-time highs.

As investors reduced hedges and increased risk-asset exposure amid this more positive sentiment, gold ETFs across all regions saw outflows in Q4. Reflecting their size and liquidity, funds listed in North America and Europe accounted for the bulk of the outflows, with holdings declining by 86.1 mt and 34.7 mt respectively during Q4. Asian-listed funds declined by 4.7 mt and outflows from funds listed in Other Regions totalled 4.4 mt.

The growth in ETF holdings throughout the year was mirrored in a notable increase in interest from Chinese and Indian investors. Inflows into Indian gold ETFs almost doubled, from 14.8 mt at

---

① We calculate gold-backed ETF flows both in ounces/metric tonnes of gold and in U.S. dollars because these two metrics are relevant in understanding funds' performance. The change in metric tonnes gives a direct measure of how holdings evolve, while the dollar value of flows is a finance industry standard that gives a perspective of how much investment reaches the funds. There are some months where the reported flows measured in metric tonnes of gold and their dollar-value equivalent seem inconsistent across regions. Both figures are correct. The disparity is due to the interaction between the performance of the gold price intra-month, the direction and movement of the U.S. dollar and the timing of the flows. For example, hypothetically, if European funds were to experience outflows early in the month, when the price of gold was low, but gained assets later in the month when the price of metric gold increased, and/or if the euro/dollar currency rate moved meaningfully when there were flows, there might be a discrepancy between tonnage change and flows.

the end of 2019 to 28.3 mt at the end of 2020.

China's ETF market, meanwhile, also expanded in terms of the range of funds available. Amid growing domestic interest in gold ETFs, 2020 saw the launch of 7 new Chinese gold ETFs. 3 new funds launched in Q2, all at least 90% backed by the Shanghai Gold Exchange's Au99.99 physical gold contracts, and in the second half of the year (H2), 4 further funds were listed with a minimum 90% backing by Shanghai Gold Benchmark contracts.

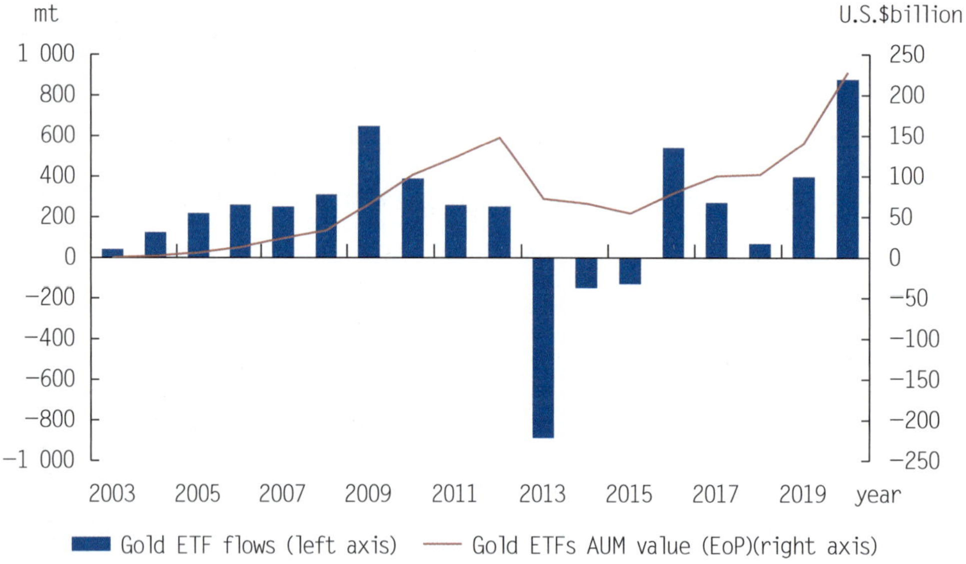

Figure 5.4 Record Gold ETF Inflows Push AUM to U.S.$228billion

(Source: Bloomberg, Company Filings, ICE Benchmark Administration, World Gold Council)

Looking at the regional breakdown of global holdings, North American-listed funds increased their share of the total throughout 2020, accounting for 53% by the end of the year (2 003.1 mt) (versus 50% at the end of 2019). European-listed funds, meanwhile, saw their share decline from 46% to 42%. Funds listed in Asia and in other regions remain at 3% and 2% of the total, respectively.

Evidence suggests that gold demand was also supported by robust OTC activity throughout the year, which – combined with strong ETF flows and Western retail demand – explains in good part the strong gold price performance at a time of notable weakness in consumer demand (especially in jewellery). Strong OTC demand was noted in numerous conversations with gold market intermediaries last year. Demand through OTC is not directly captured in our series due to a lack of available data, but it can be inferred by looking at the supply/demand imbalance shown in the "Gold Balance" table in our Gold Demand Statistics, as well as at net long positioning in the U.S. futures market reported by the Commodity Futures Trading Commission (CFTC) Commitment of Traders report. While futures contracts do not always result in physical demand, analysis suggests that investor behaviour in futures is a good indicator of OTC activity.

As we move into 2021, we expect that many of the same underlying drivers of gold demand should remain in place – in particular, ultra-low rates, fiscal stimulus, lofty stock valuations and the ongoing impact of COVID–19.

(II) Bar and coin

Demand for gold bars and coins was the only area of the gold market to generate meaningful YoY growth in Q4: retail investment grew by 10% to 268.7 mt. The annual YoY comparison was modest, however; demand of 896.1 mt was only 3% higher YoY relative to an already subdued 2019.

Official gold coin demand was by far the strongest performing element of retail investment throughout 2020: it reached a record high of 297.6 mt. That is 10% above the previous high of 271 mt set in 2013 – a time when a precipitous drop in the gold price elicited an unprecedented response from retail investors who took advantage of lower prices to add to their long-term holdings. The growth in retail investment in official coins during 2020 can largely be attributed to consistent strength in investment interest in Western markets.

Growth in annual coin demand of 33% was in sharp contrast to the 9% drop in annual bar demand to 529.5 mt. This fall was concentrated solely in H1 and was principally the result of liquidation by investors in Asian markets, reeling from the severe impacts of the COVID–19 outbreak.

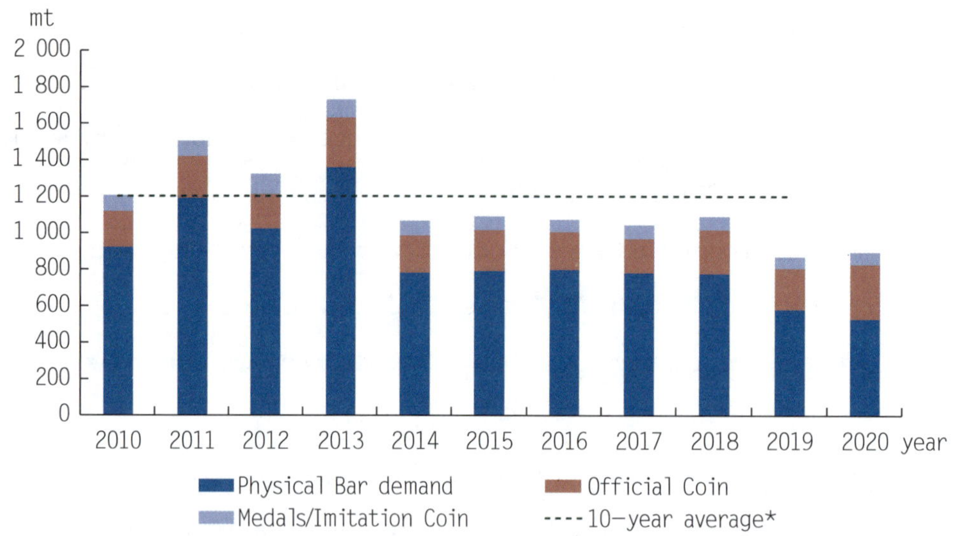

*Annual average of total bar and coin demand between 2010-2019 inclusive.

Figure 5.5 Retail Bar and Coin Investment Firmer on the Year, but Below Long-term Average

(Source: Metals Focus, Refinitiv GFMS, World Gold Council)

Gold bar and coin demand in China witnessed a strong recovery in the second half of the year, culminating in a 33% YoY increase in Q4 demand to 63.6 mt. But this was not enough to match the weakness seen in H1 2020, when market lockdowns put the brakes on investment at 199.1mt, annual local retail investment remained 6% below its 2019 level (211.1 mt).

China's bar and coin demand extended its recovery in the last quarter of the year. As the domestic economy continued to improve, consumer disposable income – a key driver for China's bar and coin demand – also extended its recovery from previous quarters. In addition, coin sales benefited from the traditional Q4 seasonal boost, as consumers tend to hoard Chinese Zodiac gold coins ahead of the Chinese New Year Festival for good luck or gifting.

In Q1, the COVID-19 outbreak and related social and economic restrictions had led to unprecedented weakness in China's bar and coin demand. But as the spread of the pandemic was swiftly contained, China's equity market and real yields subsequently soared, diverting many retail investors' attention away from gold. According to China Asset Management Association, funds under management in China grew by nearly ¥4 trillion, a 30% rise compared to 2019. Meanwhile, many retail gold investors reportedly adopted a "sit and wait" attitude as the local gold price consolidated after surging to the record high in August.

Despite a solid recovery in Indian bar and coin demand during H2 2020, annual retail investment of 130.4 mt was the lowest yearly total in our data series. The impact of the market lockdown during H1 overwhelmingly influenced the annual total. The 8% YoY increase in Q4, to 48.9 mt, came as retail investment was supported by festival demand and a dip in the local gold price from record highs.

Strong Indian retail investment demand was noted during November and December. While Dhanteras boosted demand, sales were slightly lower YoY as consumers preferred to make wedding jewellery purchases at this time. Furthermore, some retailers decided to sell gold coins on a pre-booked basis rather than on the spot, in order to avoid the traditional rush during Dhanteras. The pullback in the gold price during November was seen as a buying opportunity, further buoying bar and coin investment. Small bars (of 50gm denominations and below) were especially popular. Also, with the re-opening of the economy and of retail outlets, access to gold became much easier in Q4, supporting demand for bar and coins. Digital gold platforms witnessed a notable uptick in sales during the festival; low entry points for digital gold investments (as low as Rs1) helped combat the affordability barrier created by higher gold prices. Leading digital gold platforms such as PhonePe saw a six-fold increase YoY in gold sales volumes in the run-up month to Diwali in 2020 and paytm reported 86% YoY jump in gold sales volumes during the Diwali week itself.

Bar and coin demand in Turkey more than doubled in 2020 to a record high of 121 mt. Strong growth was seen throughout the year, with Q4 registering a 42% YoY increase to 28.4 mt. While sales in October were tepid, November saw a healthy recovery as the sharp drop in the lira gold price sparked bargain hunting. Demand slowed again in December as the government introduced a curfew to combat a resurgence of COVID–19 cases.

Retail investment across much of the Middle East saw modest growth in Q4, mainly because investors viewed the price drop as an opportunity to add to their holdings. For the full year, investment across the region fell by 6% to 57.2 mt. This was largely explained by weaker

Iranian demand due to distress selling in H1 and by central bank measures to tighten liquidity by introducing caps on money transfers, thus squeezing coin demand.

The sharp YoY rise in U.S. bar and coin demand in Q4 (+248%) was largely due to Q4 2019 having been an exceptionally weak quarter. Nonetheless, Q4 investment of 15.6 mt is 25% above the five-year quarterly average of 12.5t. Retail investment for the full year reached 66.4 mt, a more than threefold increase from 2019. The opening weeks of 2021 have seen a renewed surge of interest in gold coins in particular, with the U.S. Mint reporting sales of Eagle coins so far in January of 157 000 oz – the highest January total since 1999①.

Retail investment in Europe grew 67% in 2020 to 256.2 mt – reminiscent of the levels sparked by the Global Financial Crisis. Q4 demand was up by 25% to 61.8 mt as the pullback in the euro gold price inspired bargain hunting across the region. And while further rounds of market lockdowns disrupted everyday life, the gold market was able to adapt far more quickly, allowing it to continue functioning relatively smoothly – for example, through online sales and "click and collect" services.

But while growth was widespread across Europe, there was a clear outperformer: Germany re-established its position as a global heavyweight, leapfrogging India to become the second largest gold retail investment market for 2020 with record annual demand of 163.4 mt. Measured in euros that equates to annual investment of €8.1 billion, surpassing the previous high from 2011 of €5.2 billion. Negative interest rates in Germany, which increasingly trickled down to individuals' bank accounts, raised the appeal of gold as an alternative means of wealth protection.

① Figures correct as at 22 January 2021.

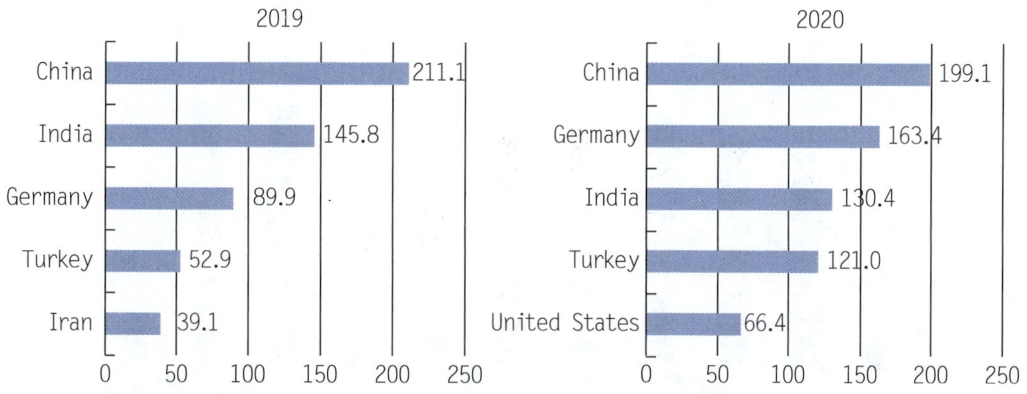

Figure 5.6 Western Investment Markets Climb the Top 5 Charts

(Source: Metals Focus, World Gold Council)

Thailand notched up a third consecutive quarter of net disinvestment of bars and coins, albeit at a markedly slower pace than in previous quarters: net sales totalled 7.3 mt in Q4. For the full year 2020 net disinvestment reached a remarkable 87mt, thanks to the combination of the negative fall-out from the pandemic and the surge in gold prices to record highs. However, the price pullback in Q4 enticed some investors to replenish their vastly depleted holdings.

The gold price drop in Q4 explained the improvement in Q4 investment demand across several of the smaller Asian markets, including Japan, Indonesia and South Korea. However, full-year demand was weaker virtually across the board, with Indonesia being a notable exception where investment rose 18% to 16.8mt as investors turned to the safety of gold amid the pandemic. In Japan, sales of gold bars and coins again outweighed purchases, although to a far lesser extent than in 2019.

IV. Central Banks

★ Central banks added a net 273 mt to official gold reserves in 2020, the 11th consecutive year of buying.

★ But intermittent selling in H2 has led to a more complex picture of central bank demand.

★ Buying resumed in Q4 as central banks added 45 mt to global official gold reserves.

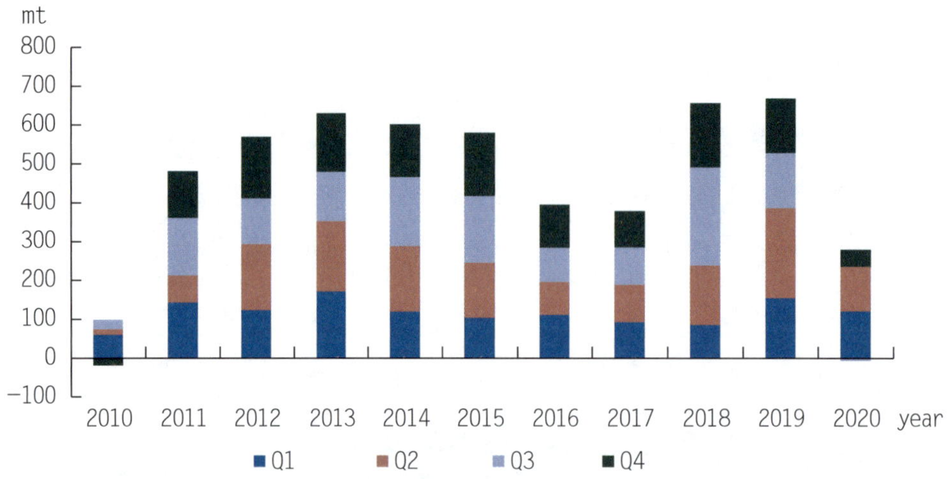

Note: Data as of 31 December 2020. For an explanation of central bankdemand, please see the Notes and definitions download: https://www.gold.org/goldhub/data/gold-supply-and-demand-statistics.

Figure 5.7 Central banks return to net buying in Q4, albeit at a modest pace

(Source: Metals Focus, Refinitiv GFMS, World Gold Council)

The 2020 annual figure masks a year of two halves, with demand dynamics changing as the year progressed. The first half of the year saw a continuation of the longstanding trend of net buying, with central banks accumulating 234.6 mt. This was despite Russia – the largest gold buyer since 2005 – suspending its gold programme at the end of March. But the overall pace of purchasing began to slow in early H2, coinciding with a sharp pick-up in sales volumes. This resulted in quarterly central bank demand turning negative in Q3 for the first time since Q4 2010, before swinging back into net purchases in Q4.

The number of central bank buyers continued to outweigh the number of sellers over the year, with buying seen from several emerging market countries that mostly have lower ratios of gold-to-total reserves. Turkey was once again the largest annual gold buyer, adding 134.5 mt to its official gold reserves in 2020.① This brought total gold reserves to 547 mt (42% of total reserves). India, a regular purchaser since early 2018, added 38 mt of gold to its reserves during the year, within the

① Excluding changes in commercial banks' gold holdings at the central bank as part of the Reserve Option Mechanism (ROM) policy.

30~40t range it has established over the last 3 years. And despite its buying being limited to Q1, Russia remained the third largest buyer in 2020, growing gold reserves by 27.4 mt. The UAE (23.9 mt), Qatar (14.5 mt), and Cambodia (5 mt) also made relatively sizeable additions to their gold reserves.

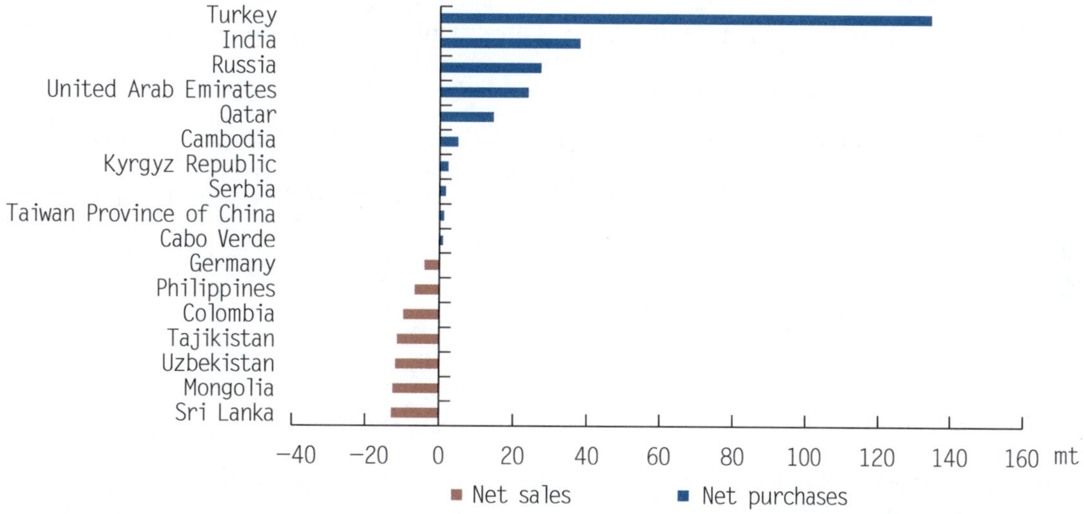

Note: Data available as of 31 December 2020 and covers total net sales/purchases during Janaury to November 2020 (inclusive) only.For information on the methodology behind this data, as well as footnotes for specific countries, please see our table of Latest World Official Gold Reserves, at https://www.gold.org/goldhub/data/monthly-central-bank-statistics.

Figure 5.8 Central bank purchasing slowed, but continued to outweigh selling

(Source: IMF IFS, Central Banks, World Gold Council)

Despite being the largest buyer on an annual basis, Turkey was also the largest seller of gold in H2; its gold reserves declined by a net 36.3 mt after two chunky sales in September and November. Higher levels of local gold bar and coin demand in the second half of the year led to increased trading between domestic commercial banks and the central bank, causing this reduction in reserves. This mechanism is part of a range of gold policy tools with which the central bank manages its gold market.

The COVID–19 pandemic was also a driver for some central bank sales. Sales were concentrated among a small number of central banks that buy gold from domestic production, such as Mongolia (12.5 mt) and Uzbekistan (11.8 mt). Gold's performance during the year boosted reserve portfolios, providing central banks with additional firepower when it was needed. And some banks saw this as an opportune time to obtain liquidity to support their struggling economies.

These intermittent sales have resulted in a more complex picture of central bank demand at the end of 2020, having created a small interruption in the pattern of consistent buying since 2010. But we expect continued net buying from central banks in 2021, with purchases expected to remain at a moderate pace although below the record levels seen in previous years. The possibility of capital inflows into emerging markets, resulting in higher reserves, and the continued ultra-low interest rate environment, may lead to central banks adding gold for diversification purposes.

V. Technology

The wide-ranging challenges associated with the COVID–19 pandemic curbed technology demand through most of 2020, but the sector showed signs of recovery during Q4.

★ Full-year gold demand in the technology sector fell 7% YoY to 301.9 mt.

★ The volume of gold used in electronics was down by 5% for the year at 248 mt, with the bulk of the declines coming through in H1.

★ Dental and other industrial uses of gold saw annual falls of 16% and 15% respectively.

(I) Electronics

Gold used in electronics declined by 5% to 248.1 mt in 2020. Supply chains were impacted from top to bottom, with many manufacturing facilities suspending their operations to comply with local and national lockdowns. These challenges were compounded by weakening consumer demand, especially for "big ticket" purchases. However, there were some positives for the electronics industry; the shift to working from home bolstered demand for devices, laptops in particular. This persisted throughout the year, and helped to catalyse a 2% YoY increase to 69.2 mt during Q4.

The broader electronics industry also fared better than expected during the year; the most recent World Semiconductor Trade Statistics market update, released in December 2020, reported an anticipated 5% growth in the global semiconductor market in 2020, and forecast 8% growth in 2021 driven by strong demand in the memory and sensor sectors.①

Traditionally, Q4 is low season for LED demand, but 2020 bucked this trend with an increase in gold uptake of between 1%~4%. This was driven by strong PC and laptop shipments, with wearable and biomedical devices also performing well. General lighting applications continued their decline, but it has been reported that some manufacturers are adapting their facilities to produce lighting for agricultural applications that offer a higher value proposition. Looking forward to 2021, the threat of migration to mini-LED technology (which uses less gold) in some applications remains, but other areas – such as 3D sensors for use in the smartphone and automotive sectors – should provide support for gold.

The memory sector remained healthy in Q4, recording increased gold demand of 3%~5% YoY. Mirroring the LED sector, this strength was driven by high PC and laptop shipments, which continued into Q4. Looking forward, China's largest memory chip manufacturer, Yangtze Memory Technologies, plans to double its monthly output to 100 000 wafers by the second half of 2021.② However, any gains to gold volumes as a result of increased output may be offset by efforts to further miniaturise memory chip architecture (which potentially lowers the amount of gold required in each unit) and the threat of manufacturers switching to alternative solutions such as silver bonding wire.③

The wireless sector remained strong during Q4, thanks primarily to ongoing 5G infrastructure deployment which led to a 2%~4% YoY increase in gold volumes in the sector. 5G is expected to remain a key topic going into 2021; average industry estimates collected during fieldwork

① See www.wsts.org/esraCMS/extension/media/f/WST/4820/WSTS_nr_2020_11.pdf.

② See asia.nikkei.com/Business/China-tech/China-s-top-maker-of-memory-chips-plans-to-double-output-in_2021.

③ Silver bonding wire is widely used in the electronics industry; in some applications it is a lower-cost alternative to gold. However, it has some technical disadvantages related to corrosion resistance and higher resistivity that make it unsuitable for many high-end applications.

suggest that 5G-enabled smartphones will grow from around 240 million shipped units in 2020 to around 500 million shipped units in 2021. Countries around the world continue to build their 5G infrastructure, which should support gold demand in the wireless sector over the coming months. Similarly, ongoing advances in 3D sensing such as partially autonomous automotive applications – where sensor-heavy control units in vehicles will likely use gold to satisfy reliability requirements– should be positive for gold volumes.

Finally, the Printed Circuit Board (PCB) sector was probably the strongest performer of the quarter, registering a rise of 4%~7% in gold volumes. This was driven by the recovering demand for consumer electronics and a strengthening automotive sector. High-speed computing and artificial intelligence applications also supported this uptick in demand.

Each of the four key electronics fabrication hubs around the world registered falls in gold demand throughout 2020: Japan at −3% YoY, China and Hong Kong China at −7%, South Korea at −1%, and the U.S. at −5%. Taiwan province of China was the only region to record increased demand, up by 4% YoY.

(II) Other industrial and dentistry

Dental demand again registered a decline in Q4, falling 8% YoY to 2.9 mt, while other industrial applications fell 4% YoY to 11.8 mt. However, gold continues to play a critical role in the development of new COVID–19 diagnostic tools; both rapid antigen and antibody tests rely on gold nanoparticles. While this source of demand is not material within our data, it is an irreplaceable component in these tests, and gold is found in hundreds of millions of kits manufactured on a monthly basis.

VI. Supply

Total supply fell 4% YoY in 2020; higher recycling slightly offset lower mine production and net de-hedging.

★ Total supply fell by 4% YoY in 2020 to 4 633 mt, the first annual decline since 2017.

★ Annual mine production declined 4% YoY to 3 401 mt primarily due to COVID-19 related disruptions.

★ Full-year recycled gold supply rose by only 1% YoY despite record gold prices.

(I) Mine production

Mine production in the final quarter of 2020 fell 3% YoY to 896.3 mt. Gold mine production totalled 3 400.8 mt in 2020, 4% lower than in 2019. This was the second consecutive annual decline in production – and the first back-to-back annual drop since 1975 – although the reasons were very different.

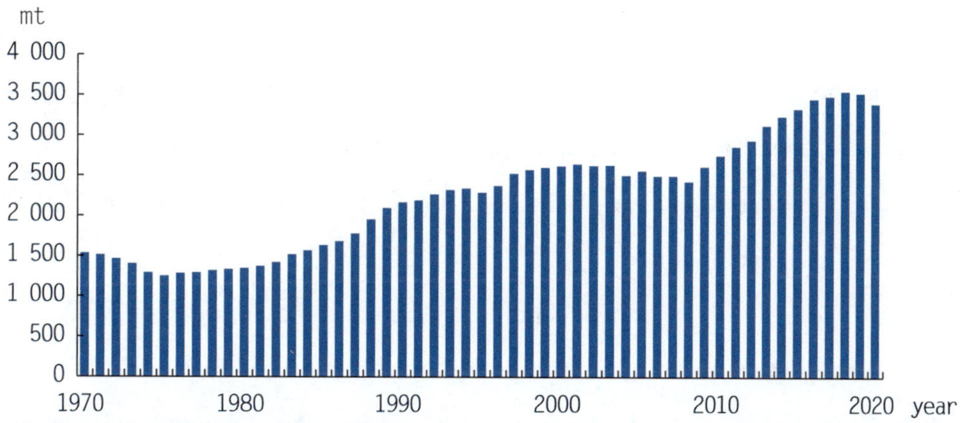

Note: Data as of 31 December 2020. For an explanation of global mine production, please see the Notes and definitions download: https://www.gold.org/goldhub/data/gold-supply-and-demand-statistics.

Figure 5.9 Disruption Caused by COVID-19 Squeezed Mine Production to a Five-year Low

(Source: Metals Focus, Refinitiv GFMS, World Gold Council)

COVID-19 interruptions combined with other factors hit mine production in 2020. Regionally, Asian production was hit hardest in Q1, as was output from the Commonwealth of Independent States (CIS) region, although the latter was likely influenced by normal weather-related seasonality.[①] Africa and the Americas saw coronavirus interruptions hit production the hardest in Q2, while Oceania saw production declining over the year.

At an individual country level, Peru at 98 mt (down by 40 mt or –28%) witnessed the biggest full-year decline, followed by Papua New Guinea at 53 mt (down by 20 mt or –27%), Argentina at 44 mt (down by 9 mt or –18%) and Chile at 32 mt (down by 6 mt or –15%), to name only the countries with the largest percentage declines; many other countries also saw lower production YoY. Some countries bucked the trend due to newly commissioned mines and brownfield expansions: Turkey produced 45 mt in 2020 (up by 8 mt or 21%), Burkina Faso 74 mt (up by 12 mt or 19%), Kazakhstan 82 mt (up by 5 mt or 7%) and Russia 341 mt (up by 11 mt or 3%).

The impact of COVID–19 was a smaller factor in Q4. Although COVID–19 pandemic interruptions slowed during Q4, accounting for about a quarter of the decline, other factors hit mine output. Papua New Guinea saw mine production fall 34% YoY due to the cessation of operations at the Porgera operation on 25 April, following the government's decision not to renew the mining lease;[②] Australian production fell 9% YoY due to falling grades at several large producers; and Chinese output was down 4% YoY on continued implementation of more rigorous environmental standards and consolidation of smaller producers. Only in Peru, where production fell 13% YoY, was COVID–19 the principal factor.

It was not all bad news for mine production in Q4 as several countries saw production growth during the quarter. Ecuador reported a 65% increase as a result of Fruta Del Norte achieving commercial production in Q1 2020; Turkey saw a 43% increase YoY due to significant investment in the sector; the first gold pour at the Sanbrado project in March and the ongoing ramp-up at Wahgnion generated 12% growth YoY in Burkina Faso; and Russian output increased 4% YoY due to expansions at existing operations such as Taborny, as well as higher grades at other mines such as Gross.

We expect interruptions to mine production from the pandemic to diminish further in 2021,

① CIS comprises Armenia, Azerbaijan, Belarus, Kazakhstan, Kyrgyzstan, Moldova, Russia, Tajikistan and Uzbekistan.

② See https://www.mining.com/papua-new-guinea-lashes-out-at-barrick-for-halting-porgera/.

removing a potential headwind to mine production this year. This is likely to be assisted by a return to growth from Grasberg in Indonesia, which was responsible for a large proportion of the fall in global mine supply in 2019. The mine is forecast to increase output as the transition to underground operations progresses.

(II) Net producer hedging

In Q4, net producer de-hedging amounted to 39.7 mt. This was mostly due to options expirations and the closure of existing hedging positions, which we do not believe have been replaced. Net hedging of 34.7 mt in Q1 was insufficient to offset de-hedging in the subsequent 3 quarters and the global hedge book declined by 65.1 mt over the course of the full year. Latest available estimates put the global hedge book at 199.2 mt at the end of Q3.

De-hedging accompanies the move to a record high gold price. In 2020, gold moved to an all-time high in every currency and the annual average gold price – in U.S. dollars – grew by 25%, the largest increase since 2010. The increase in many local gold prices was even greater – particularly in key producer currencies.

Producer de-hedging in the face of record high gold prices may seem counterintuitive; the impressive gold price rally of 2020 should have made hedging more attractive, even if ultra-low interest rates depressed the forward premium over the spot price. Rather, it would appear that miners were content to deliver into maturing positions and to adopt a "wait-and-see" approach, preferring to see if the gold price would rise further – even after gold's correction and consolidation in the second half of the year – before committing their future production.

(III) Recycled gold

In Q4, recycling declined 1% YoY, totalling 328.6 mt. This brought the annual supply of recycled gold to 1 297.4 mt, the highest since 2012, but only 1% higher YoY despite the sharp increase in gold prices in 2020.

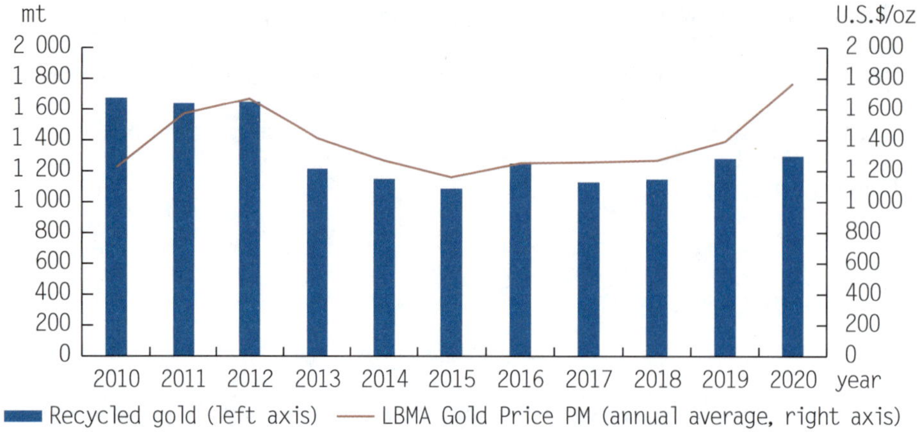

Note: Data as of 31 December 2020. An.Avg =annual average. For an explanation of global recycled gold, please see the Notes and definitions download: https://www.gold.org/goldhub/data/gold-supply-and-demand-statistics.

Figure 5.10 Recycling Edged up Just 1% in 2020, Despite the Higher Gold Price

(Source: Metals Focus, Refinitiv GFMS, ICE Benchmark Administration, World Gold Council)

The increase in recycled gold supply was modest despite the price jump. The price level and its rate of change are usually the overwhelming drivers of recycling supply, so in view of the solid price gains to all-time highs in all key currencies, it is understandable that recycled gold supply increased in 2020. The surprise came from the degree of the increase, only 1% higher YoY.

In the first half of 2020, consumer access to retail outlets was hampered by lockdowns, helping to explain the Q2 decline in recycling. But while lockdowns generally eased in H2, the 7% YoY jump in recycling seen in Q3 was not repeated in Q4; instead recycling supply slipped 1% YoY to 328.6 mt.

Turning to specific markets, higher local gold prices in India meant that rather than selling their gold outright, consumers preferred to exchange it for wedding gifting. Further, improved economic activity and a gradual revival in the economy reduced the need for distress selling during the quarter. One notable theme of 2020 was that Indian consumers used gold loans to meet their financing needs rather than gold sales. Also, the strong performance of India's rural economy during the year reduced the need for recycling sales.

China's gold recycling remained strong in Q4, up by 9% QoQ. The main drivers of this trend were the relatively high gold price and reductions in jewellery retailer inventories. During 2020, gold recycling in China rose 12% YoY, as the 14% rally in the local gold price led to many consumers selling their gold products for profit or liquidity.[①] And some retailers with weak financials and brand value closed their stores or exited the market, prompting further recycling flows.

Elsewhere, Thailand saw strong growth in recycling in 2020 due to economic weakness, but recycling activity slowed sharply in Q4 as the economy began to recover. Iran, however, saw ongoing strong growth in recycled gold as economic sanctions and pandemic disruptions provoked further distress selling.

① Price increase calculated using the Au99.99 (RMB) contract traded on the Shanghai Gold Exchange.

附　　录
Appendix

表1　2010—2020年全球黄金需求情况　　单位：吨

Table 1　2010—2020 Global Gold Demand　　Unit: mt

类别 Category	2010年	2011年	2012年	2013年	2014年	2015年	2016年	2017年	2018年	2019年	2020年	2020年同比变化 percentage Change YoY in 2020
金饰 Gold jewelry	2 057.090	2 104.138	2 157.250	2 726.188	2 533.155	2 459.827	2 103.879	2 241.006	2 248.443	2 122.721	1 411.574	−33.50%
科技 Technology	460.666	429.137	382.274	355.768	348.387	331.674	322.996	332.585	334.795	325.965	301.938	−7.37%
电子用金 Electronics	326.728	316.571	289.126	279.236	277.530	262.141	255.614	265.582	268.363	262.256	248.089	−5.40%
其他行业 Other industries	88.326	76.393	64.727	53.685	51.223	50.975	49.757	50.661	51.160	49.778	41.992	−15.64%
牙科 Dentistry	45.612	36.173	28.422	22.847	19.634	18.558	17.625	16.342	15.272	13.930	11.856	−14.89%
投资 Investment	1 588.000	1 759.232	1 565.537	843.487	917.145	962.116	1 614.137	1 315.425	1 160.371	1 269.191	1 773.232	39.71%
金条和金币总需求量 Total demand for gold bars and coins	1 204.308	1 502.434	1 311.947	1 730.637	1 066.468	1 091.375	1 073.072	1 043.866	1 090.261	870.920	896.115	2.89%
实物金条需求量 Demand for physical gold bars	921.193	1 189.871	1 015.160	1 358.103	780.387	790.229	797.202	779.682	775.423	580.506	529.455	−8.79%
官方金币量 Official coin demands	195.905	228.366	186.009	271.041	205.462	225.187	208.242	188.119	241.884	223.998	297.598	32.86%
奖牌/仿制金币 Medals / Imitation coins	87.210	84.197	110.778	101.492	80.619	75.958	67.627	76.065	72.954	66.416	69.061	3.98%
黄金ETFs及类似产品 Gold-backed ETFs and similar products	383.693	256.797	253.591	−887.150	−149.323	−129.259	541.065	271.559	70.110	398.271	877.117	120.23%
各国央行及其他机构 Central banks and other institutions	79.151	480.786	569.183	629.450	601.132	579.550	394.860	378.556	656.582	668.492	272.894	−59.18%
黄金需求量 Gold demand	4 184.907	4 773.294	4 674.244	4 554.893	4 399.819	4 333.167	4 435.871	4 267.572	4 400.191	4 386.369	3 759.638	−14.29%
LBMA黄金定价（美元/盎司） LBMA Gold Fix (USD/ozt)	1 224.520	1 571.520	1 668.980	1 411.230	1 266.400	1 160.060	1 250.800	1 257.150	1 268.490	1 392.600	1 769.590	27.07%

注：科技用金需求=电子用金+其他行业+牙科。

投资=金条和金币需求总量+黄金ETFs及类似产品。

金条和金币总需求量=实物金条需求量+官方金币量+奖牌/仿制金币。

资料来源：Metals Focus，Refinitiv GFMS，洲际交易所基准管理机构，世界黄金协会。

Note: Technology = electronics + other industries + dentistry.

Investment = total demand for gold bars and coins + gold-backed ETFs and similar products.

Total demand for gold bars and coins = demand for physical gold bars + official coin demands + medals/imitation coins.

Source: Metals Focus, Refinitiv GFMS, ICE Benchmark Administration, World Gold Council.

表2 2010—2020年世界黄金供给情况 单位：吨

Table 2 2010—2020 Global Gold Supply Unit: mt

类别 Category	2010年	2011年	2012年	2013年	2014年	2015年	2016年	2017年	2018年	2019年	2020年	2020年 同比变化 percentage change YoY in 2020
供应量 Supply												
金矿产量 Mine production	2 750.236	2 862.316	2 939.556	3 127.857	3 242.180	3 336.274	3 459.061	3 491.755	3 554.186	3 531.819	3 400.842	-3.71%
生产商净对冲额 Net producer hedging	−108.808	22.525	−45.315	−27.939	104.907	12.892	37.634	−25.520	−12.476	6.175	−65.096	—
回收金量 Recycled gold	1 674.516	1 638.183	1 647.981	1 214.501	1 149.099	1 086.085	1 249.103	1 128.065	1 147.106	1 281.905	1 297.382	1.21%
总供应量 Total supply	4 315.944	4 523.024	4 542.222	4 314.419	4 496.186	4 435.251	4 745.798	4 594.300	4 688.816	4 819.899	4 633.128	-3.87%
需求量 Demand												
加工量 Processed goods												
金饰 Gold Jewelry	2 044.945	2 096.369	2 141.194	2 736.021	2 544.381	2 479.240	2 018.770	2 257.470	2 284.645	2 136.669	1 327.301	-37.88%
科技 Technology	460.666	429.137	382.274	355.768	348.387	331.674	322.996	332.585	334.795	325.965	301.938	-7.37%
加工量小计 Subtotal	2 505.611	2 525.506	2 523.468	3 091.789	2 892.768	2 810.914	2 341.766	2 590.055	2 619.440	2 462.634	1 629.239	-33.84%
金条和金币总需求量 Total demand for gold bars and coins	1 204.261	1 502.310	1 321.888	1 730.637	1 066.468	1 091.375	1 073.072	1 043.866	1 090.261	870.920	896.115	2.89%
黄金ETFs及类似产品 Gold-backed ETFs and similar products	388.861	261.069	250.871	−887.150	−149.323	−129.259	541.065	271.559	70.110	398.271	877.117	120.23%
各国央行和其他机构 Central banks and other institutions	79.151	480.786	569.183	629.450	601.132	579.550	394.860	378.556	656.582	668.492	272.894	-59.18%
黄金需求（加工量） Gold demand (fabrication basis)	4 177.884	4 769.671	4 665.411	4 564.726	4 411.044	4 352.580	4 350.763	4 284.036	4 436.393	4 400.317	3 675.361	-16.48%
供需缺口 Supply and demand gap	138.060	−246.647	−123.191	−250.307	85.141	82.671	395.035	310.264	252.423	419.582	957.763	128.27%
LBMA黄金价格（美元/盎司） LBMA Gold Fix (USD/ozt)	1 224.520	1 571.520	1 668.980	1 411.230	1 266.400	1 160.060	1 250.800	1 257.150	1 268.490	1 392.600	1 769.590	27.07%

注：各国央行和其他机构的数据不包括中央银行期权的任何Delta中性套期保值。

资料来源：Metals Focus，Refinitiv GFMS，洲际交易所基准管理机构，世界黄金协会。

Note: The data of central banks and other institutions is Exclusive of the central banks' delta hedging with options.

Source: Metals Focus, Refinitiv GFMS, ICE Benchmark Administration, World Gold Council.

表3 2020年末黄金ETF持有量排名前十 单位：吨

Table 3 Top The Holders of Gold-Backed ETFs by End of 2020 Unit: mt

排名 Rank	基金 Fund	国家 Country	截至2019年12月底的持有量 AUM as of End of December 2019	截至2020年12月底的持有量 AUM as of End of December 2020	年同比变化 percentage Change YoY
1	SPDR Gold Shares	美国 United States	892.966	1 170.352	31.1%
2	iShares Gold Trust	美国 United States	360.019	524.969	45.8%
3	iShares Physical Gold ETC	英国 United Kingdom	143.593	234.640	63.4%
4	Invesco Physical Gold ETC	英国 United Kingdom	145.887	230.246	57.8%
5	Xetra-Gold	德国 Germany	203.473	215.963	6.1%
6	WisdomTree Physical Gold	英国 United Kingdom	146.725	121.214	-17.4%
7	Sprott Physical Gold Trust	美国 United States	50.285	80.475	60.0%
8	Gold Bullion Securities Ltd	英国 United Kingdom	79.541	76.048	-4.4%
9	ZKB Gold ETF	瑞士 Switzerland	66.679	74.569	11.8%
10	SPDR Gold MiniShares Trust	美国 United States	23.140	66.047	185.4%
	全球总量 World Total		2 885.500	3 751.500	30.0%

资料来源：各ETP提供商，彭博，洲际交易所基准管理机构，世界黄金协会。

Source: ETP providers, Bloomberg, ICE Benchmark Administration, World Gold Council.

表4　2020年末部分国家和地区黄金储备情况

Table 4　National and Regional Gold Reserves by End of 2020

序号 No.	国家和地区或组织 Country / Region	公吨 Metric Tons	占总外汇储备比例 percentage of Total Foreign Exchange Reserve	序号 No.	国家和地区或组织 Country / Region	公吨 Metric Tons	占总外汇储备比例 percentage of Total Foreign Exchange Reserve
1	美国 United States	8 133.5	79%	21	西班牙 Spain	281.6	21%
2	德国 Germany	3 362.4	76%	22	奥地利 Austria	280.0	56%
3	国际货币基金组织 IMF	2 814.0	–	23	波兰 Poland	228.7	9%
4	意大利 Italy	2 451.8	71%	24	比利时 Belgium	227.4	41%
5	法国 France	2 436.2	66%	25	菲律宾 The Philippines	187.9	11%
6	俄罗斯 Russia	2 298.5	24%	26	阿尔及利亚 Algeria	173.6	17%
7	中国 China	1 948.3	3%	27	委内瑞拉 Venezuela	161.2	84%
8	瑞士 Switzerland	1 040.0	6%	28	泰国 Thailand	154.0	4%
9	日本 Japan	765.2	3%	29	新加坡 Singapore	127.4	2%
10	印度 India	676.6	7%	30	瑞典 Sweden	125.7	13%
11	荷兰 Netherlands	612.5	69%	31	南非 South Africa	125.3	14%
12	土耳其 Turkey	544.2	40%	32	墨西哥 Mexico	120.1	4%
13	欧洲央行 ECB	504.8	33%	33	利比亚 Libya	116.6	8%
14	中国台湾 Taiwan, China	423.6	5%	34	希腊 Greece	113.9	56%
15	哈萨克斯坦 Kazakhstan	387.9	66%	35	韩国 South Korea	104.4	1%
16	葡萄牙 Portugal	382.6	79%	36	罗马尼亚 Romania	103.6	12%
17	乌兹别克斯坦 Uzbekistan	332.5	58%	37	国际清算银行 Bank for International Settlements	102.0	—

续表 (concluded)

序号 No.	国家和地区或组织 Country / Region	公吨 Metric Tons	占总外汇储备比例 percentage of Total Foreign Exchange Reserve	序号 No.	国家和地区或组织 Country / Region	公吨 Metric Tons	占总外汇储备比例 percentage of Total Foreign Exchange Reserve
18	沙特阿拉伯 Saudi Arabia	323.1	4%	38	伊拉克 Iraq	96.4	10%
19	英国 United Kingdom	310.3	10%	39	埃及 Egypt	80.0	13%
20	黎巴嫩 Lebanon	286.8	40%	40	澳大利亚 Australia	79.9	11%

资料来源：国际货币基金组织（IMF）IFS,世界黄金协会。
Source: IMF IFS, World Gold Council.

表5 2010—2020年黄金年度平均价格
Table 5 2010—2020 Annual Average Gold Price

类别 Category	2010年	2011年	2012年	2013年	2014年	2015年	2016年	2017年	2018年	2019年	2020年	2020年同比变化 Change YoY in 2020
美元/盎司 USD/ozt	1 224.50	1 571.50	1 669.00	1 411.20	1 266.40	1 160.10	1 250.80	1 257.20	1 268.50	1392.6	1 769.59	27.07%
欧元/盎司 EUR/ozt	925.2	1 129.90	1 298.70	1 063.80	952.8	1 045.30	1 129.50	1 114.10	1 073.70	1 244.87505	1 549.04471	24.43%
英镑/盎司 GBP/ozt	792.4	980.8	1 053.00	903.8	768.1	759	927.3	976.1	949.6	1 092.9256	1 378.98099	26.17%
瑞士法郎/千克 CHF/kg	40 954.20	44 649.50	50 323.70	42 090.30	37 205.90	35 863.20	39 575.50	39 771.90	39 882.10	44 476.97944	53 307.74318	19.85%
日元/克 JPY/g	3 443.60	4 015.80	4 278.20	4 410.40	4 297.50	4 513.80	4 353.50	4 531.70	4 502.20	4 876.84005	6 069.586806	24.46%
卢比/10克 INR/10g	17 997.30	23 624.10	28 639.40	26 440.20	24 835.10	23 903.20	27 013.50	26 319.70	27 861.30	31 542.48975	42 181.7337	33.73%
人民币/克 CNY/g	266.3	326.3	338.5	279.2	250.8	234.2	267	273.1	269.4	309.7472783	392.4150649	26.69%
里拉/克 YTL/g	59.3	85.4	96.6	86	89	101.4	121.3	147.3	196.2	254.2702169	402.0929702	58.14%

资料来源：洲际交易所，Refinitiv Datastream，世界黄金协会。
Source: ICE, Refinitiv Datastream, World Gold Council.